Annotated Legal Documents on Islam in Europe: Czech Republic

Annotated Legal Documents on Islam in Europe

VOLUME 22

The titles published in this series are listed at *brill.com/ldie*

Annotated Legal Documents on Islam in Europe

Czech Republic

Compiled, Annotated and Authored by

Damián Němec
Zora Hesová

BRILL

LEIDEN | BOSTON

Library of Congress Cataloging-in-Publication Data

Names: Němec, Damián, author. | Hesová, Zora, author.
Title: Annotated legal documents on Islam in Europe. Czech Republic / compiled, annotated and authored by Damián Němec, Zora Hesová.
Description: Boston : Brill, 2021. | Series: Annotated legal documents on Islam in Europe, 2214-1340 ; 22 | Includes bibliographical references and index.
Identifiers: LCCN 2021004804 | ISBN 9789004444317 (paperback)
Subjects: LCSH: Muslims–Legal status, laws, etc.–Czech Republic. | Minorities–Legal status, laws, etc.–Czech Republic.
Classification: LCC KJP5646.7.M56 N46 2021 | DDC 342.437108/5297–dc23
LC record available at https://lccn.loc.gov/2021004804

Typeface for the Latin, Greek, and Cyrillic scripts: "Brill". See and download: brill.com/brill-typeface.

ISSN 2214-1340
ISBN 978-90-04-44431-7 (paperback)

This book is printed on acid-free paper and produced in a sustainable manner.

Contents

Foreword by the Editors

This is the twenty-second volume in the series *Annotated Legal Documents on Islam in Europe*. The publication of this series responds to the widespread lack of sound information about the legal status of Islam in Europe. In principle, this information is easily available to those who are willing to make the effort and know enough about the subject to ask the right questions of the digital search engines. But that requires both expertise and effort, and it takes place in an environment where the public political debate on Islam in many European countries is characterised by increasing concern and fear. Islam has come to be broadly perceived as a security issue rather than a religion like others in Europe. But the concern has also moved into the legal field, most markedly, of course, with discussions about limitations on Muslim female dress enacted in a growing number of countries, or the ban on building minarets on mosques in Switzerland, or restrictions on building mosques in certain Austrian provinces. At the same time, in a number of European states like Austria and Germany, legislation is enacted and state treaties are negotiated which aim to establish a stable and reliable basis for Muslim life and organisation. Even so, such measures are under scrutiny by an increasingly sceptical European public, sometimes ignoring the legal principles of secularity, not least the demands of state neutrality towards and equal treatment of all religions and beliefs regardless of numbers of adherents or public reputation.

In addition, the religious status and rights of Muslims in the various European countries differ significantly, due to different historical developments regarding the organisation of the relations between the state and religions. Furthermore, while in some states laws regulating such matters introduced decades ago are still in force and have to be re-interpreted in the face of a 'newcomer' religion, others have introduced new laws that consider the increasing religious plurality within Europe. Despite the common legal and political foundations constructed since 1945 in instruments such as the European Convention on Human Rights and the more recently accumulated legislation of the European Union, this closer look reveals remarkable differences due to the extent of separating state and religion or establishing co-operative structures. In some countries Islam has an officially recognised status which in some cases originated in the first half of the 20th century. In other countries no such recognition of any religion is available even if informal ways of favouring one religion over another may exist. Since 1990 especially, European courts have moved to equalise the status of Islam with that of other religions in the practical exercise of religious freedom in various countries. Particular practices regarded as core religious obligations—in the case of Muslims dress codes and practices such as male circumcision, access to correctly slaughtered meat and otherwise *halal* food, free time for the main periods of worship and religious festivals, and the right to build mosques—can be controversial in some countries while less so in others. In the course of the ongoing process of self-organisation and the participation of Muslims in civil societies and their co-operation with the state, children's access to Islamic religious instruction or the education of Muslim theologians can be achieved in co-operation with the state education systems in some countries, while in others the community must rely on its own arrangements. The practically pressing issue of financing the religious infrastructure is still far from being settled in many countries.

The aim of this series is to make this legislation available to both the interested researcher and the practising lawyer. Altogether the series is expected to comprise 32 volumes, one for each of the 27 countries of the European Union plus Norway, Switzerland and the United Kingdom, and a volume each dealing with the European Union (treaties, directives and decisions of the Court of Justice of the European Communities) and the European Court of Human Rights. Excerpts of relevant legislation are introduced and summarised by the volume compiler, and where court cases have provided significant interpretation of the law they will also be referred to. The legislation itself is reproduced in the original language, as the editors and the publisher agreed early on in the preparation of the series that any attempt to translate legislation into English would be unsatisfactory and risked being misleading. The comments and analysis by the author should give sufficient guidance to users to allow a decision as to whether to arrange a translation for their specific purposes.

The Czech Republic has a very small Muslim population, and under its secular post-Communist constitution there is a minimum of structural legal facilitation of religious communities. The small size of the Muslim community places it well under the lower limit of membership numbers which might entitle it to a formal recognition. Even so, there is sufficient space in the general legislation regarding religious communities and freedom of belief to allow for the exercise of some community and individual rights.

An attempt has been made to ensure that the volumes are structured in as similar a manner as possible. The starting point for this has been the thematic organisation used variously in the *Yearbook of Muslims in Europe* which Brill has published annually since 2009. But it has been only a starting point, and in each volume the compiler and the editors have agreed on the structure which makes most sense for the legislation of the country concerned. Normally one member of the editorial group takes responsibility for discussing the structure and compilation of each volume with the compiler: in this instance, this task was undertaken by Prof. Agata Nalborczyk. We are also grateful to Kate Elliott for the care shown in copy editing the volume. The initiative for this project came from the publisher, where Nicolette van der Hoek and Nienke Brienen-Moolenaar have played an invaluable role in ensuring that the project has maintained its momentum. As editors, we appreciate how much their expertise contributes to ensuring that a project like this can run smoothly.

It is in the nature of such a project that each volume, if left as it stands, will gradually become out of date as new legislation and cases appear. From 2019 the series has become available online in a format which in due course will permit regular updating.

The Editors
December 2020

General Introduction

In the Czech Republic, Islam was not a major issue of public interest until 2015. Relations between the Czech state and Muslims living in the Czech Republic have long been marked by absence of public familiarity with Islam, limited scholarship and a general indifference or even suspicion towards religions inherited from Czech history. Following the Arab Spring, attacks in Europe, and especially the 2015 "refugee crisis", political and mediatised overreaction, and public indifference towards Islam and Muslims was superseded by a mainstreaming of negative stereotypes.[1]

Even though modern Bohemia and interwar Czechoslovakia had a strong Orientalist academic tradition, a rediscovery of Islam and of a Czech interest in Islam is a recent phenomenon. Besides curiosity linked to a desire to understand the events in the post-2011 Middle East, a younger generation of Czech scholars has had the opportunity to travel after 1990s, often overland to India, and to study abroad. Slowly, a generation of scholars of religion, arabists, historians, sociologists and political scientists who work towards a better understanding of the religion and the people of Islam, abroad and home, has emerged. Yet public acceptance of religious diversity has recently become a matter of heated public debates.

Islam has never had a strong presence in the Czech Republic. Many of the first Muslim personalities and activists were travellers and converts or foreign businessmen. A first community was organised only in the tumultuous and liberal interwar period but did not succeed in establishing a legal presence. The legal vacuum was deepened during the communist four decades that paradoxically brought the first substantial numbers of Arab students from friendly Soviet bloc countries, such as Syria and Iraq, of whom some stayed living the country, returned to it later or had children, and ended up building Islamic communities in the Czech Republic. In the 1990s, the small diaspora was joined by Balkan and Chechen refugees, workers and later by entrepreneurs from the former Soviet Union, businessmen and a new wave of South East Asian students.

Today, the number of Muslims is estimated at 20,000 of an overall population of 10 million. Muslims taking part in communal life in Czech masjids count in the low thousands. A lot of those with a Muslim background are either so

1 See Hesová, Zora, "The Mainstreaming of Islamophobia in the Czech Republic", 4liberty.Eu Review, Warsaw 04/2016.

called cultural Muslims or practise in private. The overall Muslim community is not dominated by a single ethnic or confessional group. There are two larger multi-ethnic communities in Prague and Brno and several smaller ethnic and confessional communities (Turkish, Kazakh, Hizmet). The communities appear to be suffering from a lack of stable and credible religious leadership and are mostly led by engaged lay people with a limited number of religious scholars. They also have a weak public presence as leaders are rarely communication professionals but rather persons of a technical education background and sometimes persons with a controversial background. Hence it was never easy for Muslims to develop good and open relations with authorities and the media, although friendly relations do abound on personal level.

Seen as religiously marginal, Muslims have succeeded in gaining a minimal formal recognition of their religious community but have not been granted any recognition on a par with Christian churches. The Czech State's passivity in relation to Islam has reflected the fact that Czech society is largely indifferent and suspicious of religions for several historical reasons. First, Czech lands were multiconfessional after the local success of two waves of the Reformation. The Westphalian peace after the Thirty Years War (1618–1648) confirmed the *cuius regio, eius religio* governing principle. The Austrian led re-catholicisation disassociated territorial and religious identities. The national awakening construed Czech identity in contrast to the Austrian Catholic one, giving the national past an anti-Catholic interpretation and a vaguely Protestant or areligious identity. Since early modern times, Czech lands have been divided between the majoritarian Catholic Church and several important Protestant churches. In recent decades, the bulk of the population has not claimed any religious confession. The Czech Republic is also a largely secularised society. Bohemia was a place of the earliest regional industrialisation and urbanisation which accelerated the secularisation process. Finally, the forty years of anti-religious communism and heavy industry-based kind of modernisation has further undercut religious institutional continuity. Today's scholars of religion observe a large variation of new age, individual, non-conformist and non-institutional religiosities, beliefs in "something" or a reflection on a philosophical "horizon of being", according to the expression of the philosophers Josef Patočka and Václav Havel. In the early 1990s, after the opening of borders, American evangelicals and various other US-originated denominations started acting in the public, provoking fears of seduction by the "sects." Hence a long-standing suspicion of public religions has delayed both the political and legal settlement of state-church relations (until 2012) and also a recognition of Islam as a social fact of Czech society.

Muslims sparked an interest only at the end of 2010 and even more during the "refugee crisis" of 2015 and ensuing public expressions of Islamophobia.

Until 2012, there were only a few sources of information on Islam, mostly a handful of general books by Czech Orientalists, such as Luboš Kropáček and Miloš Mendel, and religion scientists working mostly at theological faculties. After the mid-2000s, translations of books with Islamophobic tone have started to appear massively in the marketplace. The 2011 public interest in Islam and democracy and the 2015 crisis of Syrian, Iraqi and Afghani refugees coming in masses through suddenly nonexistent borders in the Balkans have found the public perfectly unprepared to intellectually absorb those crises. A painful series of Islamophobic demonstrations, political speeches and various public interventions ensued between 2015 and 2017.

Eventually, several initiatives of a serious engagement with Islam as a social phenomenon in Czech society have appeared. To note just two: in 2016, a collective monograph by sociologists and anthropologists of the Olomouc University called "Muslims in the Czech Republic" was published in 2016 by Daniel Topinka, debunking stereotypes and fears of radicalisation. Simultaneously, a series of civic initiatives has appeared: public intellectuals, religious scientists and a few Muslims willing to speak publicly, usually people not much involved in the leadership of Muslim organisations, have participated in an information campaign in numerous debates, public events, collective brunches, school presentations, mosque visits etc. Since 2016, Muslims were finally given more chances to appear in public in friendly and inclusive events. Also, Islamophobia became critically studied in several publications and debates.[2] While stereotypes about Muslims and their capacity to integrate into European societies have gone mainstream and persist in the media and political discourse,[3] the wave of Islamophobia has subsided and many public institutions have developed a more nuanced treatment of Islam and Muslims.

This volume contains a summary of current Czech law regarding churches and religious communities in the Czech Republic (hereinafter "CZ"). There is no law designed specifically for Muslims—the only such law in force in the territory of the present-day Czech Republic was an Austrian *Islamgesetz* from 1912, legally valid until 1949, which, however, was not applied in practice after the establishment of Czechoslovakia in 1918 (see below: 2.1.1. Legal position of Muslim communities in Czechoslovakia in 1918–1949). Therefore, the generally valid legal regulations concerning churches and religious societies will be described, with a special regard the issues which affect Islam.

2 Bronislav Ostřanský (ed.), Islamofobie po česku, Academia, Praha 2018.
3 Z. Hesová Islamofobie, Antiislamismus a negativní stereotypy, AMO, 2016.

The overview starts with the status of religious communities, the recognition of religious freedom in the Charter of Fundamental Rights and Freedoms and legal recognition. The second part deals with current legal relations between the state and Islam. Parts 3 through 16 deal with the legal bases of state support, Islamic community and law, Islam-related legal provisions, mosques, burial, education, chaplaincy, employment, religious holidays, animal slaughter, dress, criminal and family law.

CHAPTER 1

Status of Religious Communities

1.1 Constitutional and Legal Guarantees

The Constitution of the Czech Republic, Constitutional Act no. 1/1993 Coll., does not contain the regulation of fundamental rights and freedoms as this matter is regulated by the Charter of Fundamental Rights and Freedoms (hereinafter "Charter"), which was first adopted as the Czechoslovakian Constitutional Act no. 23/1991 Coll. In connection with the split of Czechoslovakia (1 January 1993), the Charter was promulgated as a Czech constitutional act by resolution of the Czech National Council no. 2/1993 Coll. (in December 1992). We present here the most important passages of the Charter:

LISTINA ZÁKLADNÍCH PRÁV A SVOBOD[1]

HLAVA PRVNÍ

Obecná ustanovení

Čl. 1

Lidé jsou svobodní a rovní v důstojnosti i v právech. Základní práva a svobody jsou nezadatelné, nezcizitelné, nepromlčitelné a nezrušitelné.

Čl. 2

(1) Stát je založen na demokratických hodnotách a nesmí se vázat ani na výlučnou ideologii, ani na náboženské vyznání.

(2) Státní moc lze uplatňovat jen v případech a v mezích stanovených zákonem, a to způsobem, který zákon stanoví.

(3) Každý může činit, co není zákonem zakázáno, a nikdo nesmí být nucen činit, co zákon neukládá.

[...]

HLAVA DRUHÁ

Lidská práva a základní svobody

[...]

Čl. 15

(1) Svoboda myšlení, svědomí a náboženského vyznání je zaručena. Každý má právo změnit své náboženství nebo víru anebo být bez náboženského vyznání.

1 https://www.usoud.cz/fileadmin/user_upload/ustavni_soud_www/Pravni_uprava/AJ/Listina_English_version.pdf.

(2) Svoboda vědeckého bádání a umělecké tvorby je zaručena.
(3) Nikdo nemůže být nucen vykonávat vojenskou službu, pokud je to v rozporu s jeho svědomím nebo s jeho náboženským vyznáním. Podrobnosti stanoví zákon.
Čl. 16
(1) Každý má právo svobodně projevovat své náboženství nebo víru buď sám nebo společně s jinými, soukromě nebo veřejně, bohoslužbou, vyučováním, náboženskými úkony nebo zachováváním obřadu.
(2) Církve a náboženské společnosti spravují své záležitosti, zejména ustavují své orgány, ustanovují své duchovní a zřizují řeholní a jiné církevní instituce nezávisle na státních orgánech.
(3) Zákon stanoví podmínky vyučování náboženství na státních školách.
(4) Výkon těchto práv může být omezen zákonem, jde-li o opatření v demokratické společnosti nezbytná pro ochranu veřejné bezpečnosti a pořádku, zdraví a mravnosti nebo práv a svobod druhých.
[...]

The Charter defines the Czech state as confessionally neutral, that is as democratic and free from a determination by any exclusive ideology or religion. The Charter guarantees freedom of thought, conscience and religion. It recognises the right of everyone to change their religion or belief or to be free of religion.

Religious freedom is therefore guaranteed in the Charter in both dimensions: the internal one (*forum internum*) in art. 15 and the external one when it is exercised (*forum externum*) in art. 16. These are included in both individual and corporate freedom, the latter especially in art. 16 section 2—and this provision has been a basis for the decision-making activities of the constitutional court several times. The Charter guarantees individual freedom in case of conscientious objection, stipulating that no one can be compelled to perform military service if it is contrary to his conscience or his religion. In the past, it was possible to avoid basic military service on conscientious grounds, up until 2005, when Czech army was professionalised. Further, the Charter recognises the right to express one's religion or belief, privately or publicly, by worship, teaching, religious acts, or by observing the ceremony. Also, churches and religious societies are guaranteed the right to administer their affairs independently of the state.

The protection of religious freedom is strengthened by the so called the Anti-discrimination Act, the Act no. 198/2009 Coll. In § 2, discrimination on the grounds of religion, faith and belief is prohibited.

Zákon č. 198/2009 Sb., Antidiskriminační zákon (Zákon o rovném zacházení a o právních prostředcích ochrany před diskriminací a o změně některých zákonů)
§ 2
(1) Pro účely tohoto zákona se právem na rovné zacházení rozumí právo nebýt diskriminován z důvodů, které stanoví tento zákon.
(2) Diskriminace je přímá a nepřímá. Za diskriminaci se považuje i obtěžování, sexuální obtěžování, pronásledování, pokyn k diskriminaci a navádění k diskriminaci.
(3) Přímou diskriminací se rozumí takové jednání, včetně opomenutí, kdy se s jednou osobou zachází méně příznivě, než se zachází nebo zacházelo nebo by se zacházelo s jinou osobou ve srovnatelné situaci, a to z důvodu rasy, etnického původu, národnosti, pohlaví, sexuální orientace, věku, zdravotního postižení, náboženského vyznání, víry či světového názoru.
(4) Za diskriminaci z důvodu pohlaví se považuje i diskriminace z důvodu těhotenství, mateřství nebo otcovství a z důvodu pohlavní identifikace.
(5) Diskriminací je také jednání, kdy je s osobou zacházeno méně příznivě na základě domnělého důvodu podle odstavce 3.

The § 6 further specifies exemptions for the area of employment (which will be discussed in Chapter 11). § 7 stipulates general exemptions from the discrimination ban:

§ 7
(1) Diskriminací není rozdílné zacházení z důvodu pohlaví, sexuální orientace, věku, zdravotního postižení, náboženského vyznání, víry či světového názoru ve věcech uvedených v § 1 odst. 1 písm. f) až j), pokud je toto rozdílné zacházení objektivně odůvodněno legitimním cílem a prostředky k jeho dosažení jsou přiměřené a nezbytné. Ustanovení § 6 tím není dotčeno.
(2) Za diskriminaci se nepovažují opatření, jejichž cílem je předejít nebo vyrovnat nevýhody vyplývající z příslušnosti osoby ke skupině osob vymezené některým z důvodů uvedených v § 2 odst. 3 a zajistit jí rovné zacházení a rovné příležitosti.
(3) Ve věcech přístupu k zaměstnání nebo povolání nesmí opatření podle odstavce 2 vést k upřednostnění osoby, jejíž kvality nejsou vyšší pro výkon zaměstnání nebo povolání, než mají ostatní současně posuzované osoby.
(4) Další přípustné formy rozdílného zacházení obsažené ve zvláštních zákonech nejsou ustanovením odstavce 1 a § 6 dotčeny.

The antidiscrimination law explicitly forbids direct discrimination on the basis of "race, ethnicity, nationality, gender, sexual orientation, age, disability, religion, belief, or worldview." It does not, nevertheless, forbid differential treatment on the above stated grounds when objectively justified by a legitimate aim (including the religious one) and appropriate means or when a preferential treatment aims to compensate for disadvantages. The antidiscrimination law also forbids differential treatment on the above stated grounds when competing for work with persons of comparable qualifications.

Thus, religious freedom is guaranteed to every individual and every religious group, regardless of whether or not it is officially registered by the state; but legal recognition brings a clearer legal status and associated rights and obligations.

1.2 Legal Recognition of Churches and Religious Societies

Czechoslovakia at its inception in 1918 took the road of material and legal continuity and the Czechoslovak state assumed the existing Austro-Hungarian legislation (art. 2 of Act no. 11/1918 Coll.). In consequence, a system of legal dualism ensued because in the previous state system, Austria-Hungary was a dual monarchy after 1867. Hence in the Western part of Czechoslovakia, which was previously incorporated to Austria, Austrian law remained valid, while in Slovakia in the East, previously under the Hungarian Administration, Hungarian law with territorial modifications remained valid. This dualism was not surmounted throughout the period before Second World War.

The Austrian and Hungarian legal traditions included a differential, that is, unequal recognition of churches and religious communities in a complex system of legal rules. The legal term "churches and religious societies (or communities)" (hereinafter "CRCs") entered the Czechoslovak legislation at this time and is still in use nowadays. All previously CRCs recognised by the state retained their legal status in Czechoslovakia. This legal situation lasted right up until 1945, despite the fact that after the secession of the border regions at the end of 1938 and the creation of two state formations (the Protectorate of Bohemia and Moravia and the Slovak State in March 1939) legal developments in these two state formations were different.

After the Second World War the status of the prevailing legal discontinuity in Czechoslovakia was established by the constitutional presidential decree no. 11/1944 Official Reports by a return to the legal state of 29 August 1938, thus establishing the continuity of interwar Czechoslovakia.

After the Communist Party took power in a bloodless coup d'état in February 1948, a radical transformation of the legal system began in Czechoslovakia and the legal dualism was gradually abolished. In the field of the state ecclesiastical law a legal discontinuity was raised by the provisions of § 14 of Act no. 218/1949 Coll., on economic indemnity of churches and religious societies, by which all existing regulations governing the relationship between church and state were abolished. This created a legal vacuum, allowing for a period of administrative despotism. Along with the legal streamlining, the state's attitude towards religion changed from interwar accommodation to state attempts at institutional repression and control in a radically secularist ideological framework. Concerning legal recognition of CRCs, the legal basis remained largely void and state authorities proceeded largely with inertia up until 1989.

After the Velvet Revolution at the end of 1989, it was necessary to create new legislation regarding state-church relations and regarding the legalisation of existence of CRCs. The legal basis was given by the Czechoslovakian Act no. 308/1991 Coll. on freedom of religious belief and the status of churches and religious communities. The act became effective from 1 September 1991. It introduced a uniform system of registration of all CRCs whereby the registration had constitutive effect, i.e. the CRC acquires a legal personality in state law by its registration.

The new law recognised only those CRCs who had in the past had a legal status by law or state decisions and all were listed in the annex to the act (it included 20 Christian denominations and the Jewish Community). For the others, a registration process was set up. Registration of a new CRC required: a petition presented by a three-member preparatory committee, a basic document of the CRC, a unique name, and signatures and personal information of persons claiming to be members of the CRC. The required number of members was established in the Czech Republic by Act no. 161/1992 Coll., on the registration of churches and religious societies. The law required the signature of at least 10,000 adult persons having permanent residence in the Czech Republic or the signature of 500 members for member churches of the World Council of Churches. A minimum of 10,000 members represents a high numerical census considering that Czechoslovakia counted around 10 million inhabitants at that time. For many CRCs it proved an insurmountable obstacle. Moreover, the act also did not contain detailed regulation of church legal persons.

In response to the shortcomings of Act no. 308/1991 Coll. the Czech government (a minority socialist government led by Miloš Zeman) issued new act on CRCs following a clear ideological logic: this act is to regulate purely religious activities of the CRCs; other activities (charity, education, health, etc.) are to be regulated by other acts. The act was promulgated in January 2002 as Act no. 3/2002 Coll. The bill redefined the process of registration of the CRCs.

The bill has been adopted despite considerable resistance of CRCs and of the political opposition and reservations of President Havel. Church leaders and parliamentary opposition criticised the narrow perspective of the law that regulated only the dimension of religious cult and failed to recognise and regulate social, charitable and health-related services of the churches. Critics believed the new law would limit religious freedom by lowering protection of social activities of the churches and reducing their status to the level of other community organisations, held for example, to publish annual reports. The act was brought to the constitutional court, which rejected the overall complaint but abolished certain provisions of the act as unconstitutional and provided a constitutional interpretation for the others in November 2002. The court also rectified the narrow conception of CRCs aims and allowed for example for a more autonomous use of the CRCs financial means. The act was therefore complemented by an extensive amendment, no. 495/2005 Coll., and this form is still in force with minor changes.

The 2002 law on Churches and religious communities (societies) first defines a general framework for the CRCs and secondly regulates their registration.

Status of CRCs according to the 2002 Law on Churches and religious communities:

Zákon č. 3/2002 Sb., o církvích a náboženských společnostech

ČÁST PRVNÍ

SVOBODA NÁBOŽENSKÉHO VYZNÁNÍ A POSTAVENÍ CÍRKVÍ A NÁBOŽENSKÝCH SPOLEČNOSTÍ

HLAVA I

ÚVODNÍ USTANOVENÍ

§1

Předmět úpravy

Tento zákon upravuje

a) postavení církví a náboženských společností,

b) vedení veřejně přístupných seznamů registrovaných církví a náboženských společností, svazů církví a náboženských společností a právnických osob založených registrovanou církví a náboženskou společností a evidovaných podle tohoto zákona (dále jen „evidovaná právnická osoba“),

c) působnost Ministerstva kultury (dále jen „ministerstvo“) ve věcech církví a náboženských společností.

§2

Svoboda náboženského vyznání

(1) Svoboda myšlení, svědomí a náboženského vyznání je zaručena. Každý má právo svobodně projevovat své náboženství nebo víru buď sám nebo

společně s jinými, soukromě nebo veřejně, bohoslužbou, vyučováním, náboženskými úkony nebo zachováváním obřadu. Každý má právo změnit své náboženství nebo víru anebo být bez náboženského vyznání.
(2) Právo nezletilých dětí na svobodu náboženského vyznání nebo být bez vyznání je zaručeno. Zákonní zástupci nezletilých dětí mohou výkon tohoto práva usměrňovat způsobem odpovídajícím rozvíjejícím se schopnostem nezletilých dětí.
(3) Nikdo nesmí být nucen ke vstupu do církve a náboženské společnosti ani k vystoupení z ní, k účasti nebo neúčasti na náboženských úkonech či úkonech církve a náboženské společnosti.
(4) Každý má právo volit si duchovní nebo řeholní stav a rozhodovat se pro život v komunitách, řádech a podobných společenstvích.
(5) Nikdo nesmí být omezen na svých právech proto, že se hlásí k církvi a náboženské společnosti, že se účastní její činnosti nebo že ji podporuje, anebo je bez vyznání.
§ 3
Základní pojmy
Pro účely tohoto zákona se rozumí
a) církví a náboženskou společností dobrovolné společenství osob s vlastní strukturou, orgány, vnitřními předpisy, náboženskými obřady a projevy víry, založené za účelem vyznávání určité náboženské víry, ať veřejně nebo soukromě, a zejména s tím spojeného shromažďování, bohoslužby, vyučování, duchovní služby a případně obecně prospěšné činnosti,
b) osobou hlásící se k církvi a náboženské společnosti osoba, která podle svého přesvědčení a vnitřních předpisů církve a náboženské společnosti k ní přináleží,
c) osobními údaji jméno, popřípadě jména a příjmení, rodné číslo nebo datum narození, adresa místa pobytu na území České republiky, kde má fyzická osoba hlášen trvalý, popřípadě přechodný pobyt, nebo bydliště, nemá-li trvalý ani přechodný pobyt, v případě cizinců i údaj o jejich státním občanství,
d) sídlem registrované církve a náboženské společnosti, svazu církví a náboženských společností a evidované právnické osoby adresa ústředí registrované církve a náboženské společnosti, svazu církví a náboženských společností a evidované právnické osoby na území České republiky.

Zákon č. 3/2002 Sb., o církvích a náboženských společnostech

HLAVA II

CÍRKVE A NÁBOŽENSKÉ SPOLEČNOSTI

§4

Postavení církví a náboženských společností

(1) Církev a náboženská společnost vzniká dobrovolným sdružováním fyzických osob a svébytně rozhoduje o věcech spojených s vyznáváním víry, o organizaci náboženského společenství a o vytváření k tomu určených institucí.

(2) Stát, kraje a obce nemohou provádět náboženskou nebo protináboženskou činnost.

(3) Církve a náboženské společnosti spravují své záležitosti, zejména ustanovují a ruší své orgány, ustanovují a odvolávají své duchovní a zřizují a ruší církevní a jiné instituce podle svých předpisů nezávisle na státních orgánech.

(4) Církev a náboženská společnost nesmí používat název, který by ji mohl podle názvu činit zaměnitelnou s registrovanou církví a náboženskou společností nebo jinou právnickou osobou.

§5

Podmínky vzniku a působení církví a náboženských společností

Vznikat a vyvíjet činnost nemůže církev a náboženská společnost, jejíž učení nebo činnost sleduje porušení práva nebo dosažení nějakého cíle nezákonným způsobem, zejména pokud

a) popírá nebo omezuje osobní, politická nebo jiná práva fyzických osob pro jejich národnost, pohlaví, rasu, původ, politické nebo jiné smýšlení, náboženské vyznání nebo sociální postavení,

b) rozněcuje nenávist a nesnášenlivost,

c) podporuje násilí nebo porušování právních předpisů,

d) závažně narušuje veřejnou mravnost, veřejný pořádek nebo veřejné zdraví,

e) omezuje osobní svobodu osob zejména tím, že využívá psychický nebo fyzický nátlak k vytvoření závislosti, která vede k fyzickému, psychickému nebo ekonomickému poškozování těchto osob nebo jejich rodinných příslušníků, k poškozování jejich sociálních vazeb včetně omezování psychického vývoje nezletilých nebo omezování jejich práva na vzdělání, nebo zabraňuje nezletilým přijmout zdravotní péči odpovídající zdravotním potřebám, nebo

f) je její učení utajováno vcelku nebo v některých částech, stejně jako organizační struktura církve a náboženské společnosti a vazby na zahraniční složky, je-li částí církve nebo náboženské společnosti působící mimo území České republiky.

§6

Registrované církve a náboženské společnosti

(1) Církev a náboženská společnost se stává právnickou osobou registrací (dále jen „registrovaná církev a náboženská společnost") podle tohoto zákona, pokud tento zákon nestanoví jinak.
(2) zrušen
(3) Registrovaná církev a náboženská společnost může k plnění svého poslání zejména
a) vyučovat a vychovávat své duchovní i laické pracovníky ve vlastních školách a jiných zařízeních i na vysokých školách bohosloveckých a bohosloveckých fakultách za podmínek podle zvláštních právních předpisů,
b) získat oprávnění k výkonu zvláštních práv podle tohoto zákona.

The act reiterates that freedom of thought, conscience and religion, is guaranteed, as well as the right to change religion or belief or to be free of religion, and a right to freely join or leave CRCs, join religious communities etc. Belonging to a community or a lack of belonging cannot constitute a reason for discrimination. The act also extends protection to minors and gives legal guardians of minors the right to direct the exercise of freedom of religion in a manner commensurate with the developing capacities of minors.

The act defines churches and religious societies as a voluntary community of persons provided with a specific internal structure, organs, internal ordinances, religious ceremonies and expressions of faith, established for the purpose of professing a religious faith, publicly or privately, and gathering, worshipping, teaching, providing a spiritual and community service. The law guarantees their administrative autonomy.

The act precludes the state and its entities (regions, cities, communes) from engaging in religious or anti-religious activity. CRCs' names and titles are protected: it is impossible to register a CRC under a title similar or identical to an existing CRC.

Concerning legal limits of CRCs, the law excludes from registration CRCs whose teachings or activities pursue the violation of the law or the attainment of an end in an unlawful manner, in particular if the CRC denies or limits personal, political or other rights of persons on the basis of their nationality, sex, race, political or other views, religion or social status; if it invites hatred and intolerance, if it promotes violence or violation of legislation; if it seriously undermines public morality, order or health; if it restricts the personal liberty of persons, in particular by using psychological or physical pressure to create dependence which leads to physical, psychological or economic harm to such persons or to members of their families and their social ties; if it harms the psychological development of minors or their right to education, or prevents minors from receiving health care appropriate to their medical needs. The act also precludes from registration those CRCs that conceal parts or the entirety of their teachings or hides its organisational structure of if it conceals its links to foreign bodies, being part of a church or religious society operating outside the Czech Republic

Registration of CRCs according to the 2002 Law on Churches and religious communities

Zákon č. 3/2020 Sb., o církvích a náboženských společnostech

HLAVA III

REGISTRACE CÍRKVE A NÁBOŽENSKÉ SPOLEČNOSTI, SVAZU CÍRKVÍ A NÁBOŽENSKÝCH SPOLEČNOSTÍ A PŘIZNÁNÍ OPRÁVNĚNÍ K VÝKONU ZVLÁŠTNÍCH PRÁV

§ 9

Společná ustanovení o registraci

(1) Návrh na registraci církve a náboženské společnosti, svazu církví a náboženských společností a návrh na přiznání oprávnění registrované církve a náboženské společnosti k výkonu zvláštních práv podává ministerstvu osoba nebo orgán podle tohoto zákona.

(2) Církev a náboženská společnost nebo svaz církví a náboženských společností jsou registrovány a registrované církvi a náboženské společnosti se přiznává oprávnění k výkonu zvláštních práv ke dni, kdy rozhodnutí o registraci církve a náboženské společnosti nebo svazu církví a náboženských společností nebo rozhodnutí o přiznání oprávnění k výkonu zvláštních práv registrované církvi a náboženské společnosti ministerstvem nabylo právní moci.

§ 10

Návrh na registraci církve a náboženské společnosti

(1) Návrh na registraci církve a náboženské společnosti podávají ministerstvu nejméně tři fyzické osoby, které dosáhly věku 18 let, jsou svéprávné a jsou občany České republiky nebo cizinci s trvalým pobytem v České republice (dále jen „přípravný výbor“). Členové přípravného výboru návrh podepíší a uvedou své osobní údaje. V návrhu přípravný výbor určí, kdo z jeho členů je zmocněn jednat jménem přípravného výboru. Podpisy členů přípravného výboru musí být úředně ověřeny.

(2) Návrh na registraci církve a náboženské společnosti musí obsahovat

a) základní charakteristiku církve a náboženské společnosti, jejího učení a poslání,

b) zápis o založení církve a náboženské společnosti na území České republiky,

c) v originále podpisy nejméně 300 zletilých občanů České republiky nebo cizinců s trvalým pobytem v České republice hlásících se k této církvi a náboženské společnosti, s uvedením jejich osobních údajů podle tohoto zákona a s uvedením totožného textu na každém podpisovém archu, který uvádí plný název církve a náboženské společnosti, sbírající podpisy pro účel její registrace, a z něhož je patrné, že podpisový arch je podepisován pouze osobou hlásící se k této církvi a náboženské společnosti,
d) základní dokument.
(3) Základní dokument církve a náboženské společnosti předkládaný podle odstavce 2 písm. d) musí obsahovat
a) název církve a náboženské společnosti; název církve a náboženské společnosti nemusí obsahovat označení její právní formy,
b) poslání církve a náboženské společnosti a základní články její víry,
c) sídlo církve a náboženské společnosti na území České republiky,
d) označení statutárního orgánu církve a náboženské společnosti, způsob jeho jednání a jeho ustavování a odvolávání, délku funkčního období jeho členů, popřípadě označení dalších orgánů církve a náboženské společnosti a orgánů řeholních institucí, které jsou oprávněny podávat návrhy podle tohoto zákona, rozsah tohoto oprávnění a způsob jednání jménem církve a náboženské společnosti,
e) osobní údaje členů statutárního orgánu, jsou-li členové statutárního orgánu v době podání návrhu ustaveni,
f) organizační strukturu církve a náboženské společnosti, včetně kontrolního orgánu nebo orgánů, jejich složení a působnost, jsou-li zřízeny, a výčtu všech typů právnických osob, které budou navrhovány k evidenci v souladu s tímto zákonem podle §15a odst. 1, způsob jejich zřizování a rušení, včetně případného uvedení právního nástupce při jejich zániku, označení jejich statutárních orgánů, způsob jejich ustavování a odvolávání, délku funkčního období členů statutárních orgánů,
g) způsob ustavování a odvolávání duchovních a seznam v církvi a náboženské společnosti používaných označení duchovních,
h) způsob schvalování změn základního dokumentu a těch dokumentů církve a náboženské společnosti a jejich změn, které jsou přikládány k základnímu dokumentu, nebo z nichž jsou uváděny údaje do základního dokumentu,
i) začlenění církve a náboženské společnosti do struktur církve a náboženské společnosti mimo území České republiky,
j) zásady hospodaření církve a náboženské společnosti, zejména způsob získávání finančních prostředků, včetně rozsahu oprávnění osob, orgánů

a jiných institucí církve nebo náboženské společnosti k nakládání s majetkem a údaje podle § 27 odst. 5,
k) způsob naložení s likvidačním zůstatkem, který vyplyne z likvidace církve a náboženské společnosti,
l) práva a povinnosti osob hlásících se k církvi a náboženské společnosti.
(4) Jménem církve a náboženské společnosti jedná až do vytvoření statutárního orgánu přípravný výbor.
(5) Pokud v době podání návrhu na registraci církve a náboženské společnosti nejsou členové statutárního orgánu ustaveni, oznámí jejich osobní údaje podle odstavce 3 písm. e) církev a náboženská společnost do 10 dnů od jejich ustavení.
[...]
§ 11
Návrh na přiznání oprávnění k výkonu zvláštních práv
(1) Návrh na přiznání oprávnění k výkonu zvláštních práv může podat registrovaná církev a náboženská společnost, která
a) je registrována podle tohoto zákona nepřetržitě ke dni podání návrhu nejméně 10 let,
b) zveřejňovala každoročně 10 let před podáním tohoto návrhu výroční zprávy o činnosti za kalendářní rok,
c) plní řádně závazky vůči státu a třetím osobám,
d) je bezúhonná.
(2) Návrh na přiznání oprávnění k výkonu zvláštních práv podává statutární orgán registrované církve a náboženské společnosti.
(3) Návrh na přiznání zvláštních práv může být podán buď pro výkon všech zvláštních práv podle § 7 odst. 1 anebo pouze pro výkon zvláštních práv podle § 7 odst. 1 písm. a) až d).
(4) Návrh na přiznání oprávnění k výkonu zvláštních práv podle § 7 odst. 1 písm. a) až d) musí obsahovat
a) v originále podpisy tolika zletilých občanů České republiky nebo cizinců s trvalým pobytem v České republice hlásících se k této církvi a náboženské společnosti, kolik činí nejméně 1 promile obyvatel České republiky podle posledního sčítání lidu, s uvedením jejich osobních údajů podle tohoto zákona a s uvedením totožného textu na každém podpisovém archu, který uvádí plný název církve a náboženské společnosti, která sbírá podpisy pro účel její registrace, a z něhož je patrné, že podpisový arch je podepisován pouze osobou hlásící se k této církvi a náboženské společnosti,
b) prohlášení, že její dosavadní činnost jako právnické osoby podle tohoto zákona neodporuje podmínkám stanoveným tímto zákonem a že vyhovuje podmínkám podle odstavce 1 písm. c),

c) texty výročních zpráv podle odstavce 1 písm. b) a účetních závěrek za dobu 10 let předcházející podání tohoto návrhu.

(5) Návrh na přiznání oprávnění k výkonu všech zvláštních práv podle § 7 odst. 1 musí obsahovat náležitosti podle odstavce 4 a navíc dokument potvrzující, že povinnost mlčenlivosti duchovních v souvislosti s výkonem zpovědního tajemství nebo v souvislosti s výkonem práva obdobného zpovědnímu tajemství je tradiční součástí učení církve a náboženské společnosti nejméně 50 let.

(6) Za bezúhonnou se pro účely tohoto zákona nepovažuje registrovaná církev a náboženská společnost, která byla pravomocně odsouzena pro trestný čin související s výkonem zvláštních práv anebo pro zločin, pokud se na ni nehledí, jako by nebyla odsouzena.

(7) Bezúhonnost se prokazuje výpisem z evidence Rejstříku trestů. Ministerstvo si vyžádá výpis z evidence Rejstříku trestů podle zvláštního právního předpisu. Žádost o vydání výpisu z evidence Rejstříku trestů a výpis z evidence Rejstříku trestů se předávají v elektronické podobě, a to způsobem umožňujícím dálkový přístup.

[...]

§ 14

Postup ministerstva

(1) Ministerstvo při řízení o registraci církve a náboženské společnosti, svazu církví a náboženských společností nebo při řízení o přiznání oprávnění k výkonu zvláštních práv registrovaných církví a náboženských společností podle § 11 odst. 3 (dále jen „návrh na registraci“) přezkoumá

a) zda návrh na registraci podává osoba splňující podmínky stanovené tímto zákonem,

b) zda návrh na registraci obsahuje všechny náležitosti stanovené tímto zákonem,

c) v případě řízení o registraci církve a náboženské společnosti a řízení o přiznání oprávnění k výkonu zvláštních práv, zda činnost církve a náboženské společnosti není v rozporu s jejím základním dokumentem a s podmínkami stanovenými tímto zákonem.

(2) Odpovídají-li údaje v návrhu na registraci podle odstavce 1 skutečnému stavu věci a jsou-li splněny podmínky podle odstavce 1, rozhodne ministerstvo o tom, že se církev a náboženská společnost registruje nebo že se registruje svaz církví a náboženských společností nebo že se přiznává oprávnění k výkonu zvláštních práv.

(3) Neodpovídají-li údaje v návrhu na registraci podle odstavce 1 skutečnému stavu věci anebo nejsou-li splněny podmínky podle odstavce 1, rozhodne ministerstvo, že se registrace církve a náboženské společnosti nebo

registrace jejich svazu nebo přiznání oprávnění k výkonu zvláštních práv podle § 11 odst. 3 zamítá.
(4) Registraci církve a náboženské společnosti a přiznání oprávnění k výkonu zvláštních práv ministerstvo zapíše do Rejstříku registrovaných církví a náboženských společností ke dni, kdy rozhodnutí o registraci nabylo právní moci.
(5) Registraci svazu církví a náboženských společností zapíše ministerstvo do Rejstříku svazů církví a náboženských společností ke dni, kdy rozhodnutí o registraci nabylo právní moci.
(6) Rozhodnutí o
a) registraci církve a náboženské společnosti a o registraci svazu církví a náboženských společností se doručuje do vlastních rukou zmocněnce přípravného výboru nebo přípravného výboru svazu,
b) přiznání oprávnění k výkonu zvláštních práv se doručuje statutárnímu orgánu registrované církve a náboženské společnosti.
(7) Ministerstvo je povinno vydat rozhodnutí podle odstavce 2 nebo 3 nebo rozhodnout o zastavení řízení podle § 13 odst. 3 ve lhůtě stanovené obecnými předpisy o správním řízení. Nelze-li vzhledem k povaze věci rozhodnout v této lhůtě, může ji přiměřeně prodloužit ministr. Ministerstvo je povinno s uvedením důvodů uvědomit o prodloužení lhůty zmocněnce přípravného výboru v případě řízení o registraci církve a náboženské společnosti nebo zmocněnce přípravného výboru svazu v případě řízení o registraci svazu církví a náboženských společností nebo statutární orgán registrované církve a náboženské společnosti v případě řízení o přiznání oprávnění k výkonu zvláštních práv.

A CRC becomes a legal person through the registration with the Ministry of Culture where the publicly accessible register is held. The registration proposal must fulfil several criteria: the Church must present its unique name, its aims, mission and teachings; present its internal structure, terminology, principles of financial administration and basic rights and duties of its members. The proposal must also prove its territorial function. The CRCs have to be active on the territory of the Czech Republic. The registration application does not require the specification of the CRCs legal status.

The new law has introduced several changes to the registration process. It substantially lowered the number of signatures of adult members from 10,000 to 300, but on the other hand the law defined stricter rules for so-called special rights granted to CRCs.

Hence the law established a de facto two stages of registration. The first is a simple registration, for which the act requires a numerical census of 300 adult citizens of the Czech Republic or foreigners with permanent residence in the Czech Republic declared to be in the CRC. The registration application must contain the details of the CRCs structure, names and contacts of its statutory organs, controlling organs and legal persons; procedures of appointment for clerical posts and statutory organs and procedures for their dismissal; procedures for changing the CRC's status; financing and liquidation plans; rights and duties of its members etc.

This change allowed around two dozen CRCs to get a legal status with the state. Since the adoption of the law, two dozen CRCs have registered in the elementary procedure (such as the Centre of Muslim Religious Communities in 2004, the Krishna movement, the Hindu society, Russian Orthodox Church, Diamond Way Buddhism etc., including local religious groups).

The second stage consists in the granting of special rights mentioned in § 7 of the act. Special rights include teaching religion in public schools according to a special legal regulation; performing chaplaincy service in the armed forces of the Czech Republic and in detention facilities; performing marriage ceremonies at according to a special legal regulation; establishing confessional schools according to a special legal regulation; maintain the duty of confidentiality by clergy wherever it is a traditional part of the Church for at least 50 years.

A CRC registered after 2002 can obtain the authorisation to exercise special rights after a ten-year period registration during which it has filed its annual reports and fulfilled other legal obligations. This second stage of registration requires a large number of member signatures, fixed at 0.1% of Czech Republic's citizens, that is, 10,437 according to the last census. The term of ten years from a simple registration is intended to demonstrate that the CRC is already stable; annual reporting over a period of a decade demonstrates an ability to communicate with the public authorities; the fulfilment of obligations towards the state and third parties (accounting, taxes, employment issues, statistical reports, loans, leases, etc.) demonstrates a reliability of conduct; integrity or impunity is associated with compliance, especially of financial laws.

All CRCs registered before 2002 had been granted according to § 28 section 1, the authorisation to exercise those special rights that they have actually performed—they can apply with a request for the exercising of other special rights. All of this causes a very confusing situation: it is not clear which special rights can be exercised by which CRC; therefore, the ministry published on its website a table of CRCs and of the special rights exercised by them. A newly registered CRC can obtain authorisation either for all special rights together, or of all rights except the right to maintain confessional confidentiality—the exercising of this specific right can be authorised separately. These CRCs could obtain authorisation to exercise special rights as an exception under § 27 section 8 of the act during a transitional period of five years from the effective date of the act, but the exemption was not granted in this period.

Further, the ministry examines whether all legal conditions are fulfilled and, explicitly, whether the activities of the CRC are not in conflict with its status. The decision is bound to be delivered by the ministry within usual administrative deadlines but can be prolonged by the minister. In view of the tough requirement for membership and a large discretion given to the Minister, it is not surprising that no CRC registered since 2002 has obtained the authorisation to exercise special rights.

Until the end of 2012 there was another special right on the financing of CRCs from the state budget; that right expired in connection with the property settlement between the state and CRC regulated by Act no. 428/2012 Coll.

Removal of CRC from the register according to the 2002 Law on Churches and religious communities and other provisions

Zákon č. 3/2002 Sb., o církvích a náboženských společnostech
HLAVA VI
ZRUŠENÍ A ZÁNIK REGISTROVANÉ CÍRKVE A NÁBOŽENSKÉ SPOLEČNOSTI, SVAZU CÍRKVÍ A NÁBOŽENSKÝCH SPOLEČNOSTÍ A EVIDOVANÉ PRÁVNICKÉ OSOBY, ZRUŠENÍ OPRÁVNĚNÍ REGISTROVANÉ CÍRKVE A NÁBOŽENSKÉ SPOLEČNOSTI K VÝKONU ZVLÁŠTNÍCH PRÁV
§ 21
Zrušení oprávnění k výkonu zvláštních práv
(1) Ministerstvo zahájí řízení o zrušení oprávnění k výkonu zvláštních práv
a) pokud registrovaná církev a náboženská společnost porušuje závažným způsobem nebo opakovaně závazky vůči státu nebo třetím osobám,
b) [...]
c) na základě podnětu orgánu státní správy podle jeho působnosti dané zvláštním právním předpisem, v němž je doloženo závažné nebo opakované porušování povinností pro působení registrované církve a náboženské společnosti podle zvláštního právního předpisu nebo dohody s tímto orgánem státní správy,
d) pokud registrovaná církev a náboženská společnost přestala být bezúhonná.
(2) Ministerstvo řízení o zrušení oprávnění k výkonu zvláštních práv registrované církve a náboženské společnosti podle odstavce 1 zastaví, zanikne-li důvod zahájeného řízení anebo doloží-li registrovaná církev a náboženská společnost písemně, že postupem jí navrženým dojde

v přiměřené lhůtě k odstranění důvodu zahájeného řízení v dohodě s osobami, které byly dotčeny jednáním, které vedlo k zahájení řízení o zrušení oprávnění k výkonu zvláštních práv.

[...]

§ 22

Zrušení registrace církve a náboženské společnosti a svazu církví a náboženských společností

(1) Ministerstvo zahájí řízení o zrušení registrace církve a náboženské společnosti anebo řízení o zrušení registrace svazu církví a náboženských společností

a) na základě žádosti registrované církve a náboženské společnosti o zrušení její registrace anebo na základě žádosti svazu církví a náboženských společností o zrušení jeho registrace,

b) dojde-li ke zrušení konkursu po splnění rozvrhového usnesení nebo ke zrušení konkursu z důvodu, že majetek církve a náboženské společnosti nebo svazu církví a náboženských společností je zcela nepostačující, nebo dojde k zamítnutí insolvenčního návrhu proto, že majetek církve nebo náboženské společnosti nebo svazu církví a náboženských společností nebude postačovat k úhradě nákladů insolvenčního řízení,

c) vyvíjí-li registrovaná církev a náboženská společnost nebo svaz církví a náboženských společností činnost v rozporu s § 3 písm. a), § 5 nebo § 27 odst. 5,

d) pokud nebyl po dobu delší než 2 roky ustaven statutární orgán registrované církve a náboženské společnosti nebo statutární orgány svazu církví a náboženských společností nebo dosavadním statutárním orgánům skončilo funkční období před více než 2 roky a nedošlo k ustanovení nových.

(2) Jde-li o činnost uvedenou v odstavci 1 písm. c), ministerstvo registrovanou církev a náboženskou společnost nebo svaz církví a náboženských společností před zahájením řízení vyzve, aby od vytýkané činnosti v přiměřené lhůtě upustily. Jestliže registrovaná církev a náboženská společnost nebo svaz církví a náboženských společností v činnosti pokračují, ministerstvo zahájí řízení o zrušení registrace.

(3) Obdobně jako v odstavci 2 postupuje ministerstvo, pokud nastal stav podle odstavce 1 písm. d).

(4) Je-li proti registrované církvi a náboženské společnosti nebo proti svazu církví a náboženských společností vedeno trestní stíhání nebo vykonávají-li trest uložený podle zvláštního právního předpisu, je přílohou žádosti podle odstavce 1 písm. a) kopie rozhodnutí, kterým soud povolil jejich zrušení podle zvláštního právního předpisu.

§ 23
Postup podle zvláštních právních předpisů
Při insolvenčním návrhu nebo při návrhu na likvidaci registrované církve a náboženské společnosti nebo svazu církví a náboženských společností nebo evidované právnické osoby podle tohoto zákona se použije přiměřeně zvláštní právní předpis, pokud tento zákon nestanoví jinak.
[…]

A CRC's legal status may be changed upon decision of the Ministry of Culture. A CRC can be either relieved of its special rights or removed from the register (dissolved) altogether. In the first case, the Ministry of Culture can start a review process on the initiative of a state organ and it can remove special rights from a CRC in case of CRC serious or repeated breaches of its obligations to the state or third parties.

A CRC can be removed from the CRC register on its demand. The ministry can start a procedure of dissolution of a CRC if the registered CRC if it does not fulfil its legal and statutory obligations and if the CRC evolves contrary to its statutes or the Law on CRCs.

Zákon č. 3/2002 Sb., o církvích a náboženských společnostech

HLAVA VII
SPOLEČNÁ, PŘECHODNÁ, ZMOCŇOVACÍ A ZÁVĚREČNÁ USTANOVENÍ
§ 27
Společná ustanovení
[…]
(2) Návrhy podle tohoto zákona se podávají písemně ve dvojím vyhotovení.
(3) Návrhy podle tohoto zákona se podávají v českém jazyce. Doklady v jiném než českém jazyce musí být přeloženy do českého jazyka a úředně ověřeny, nestanoví-li jinak mezinárodní smlouva, kterou je Česká republika vázána.
(4) Příjmy církve a náboženské společnosti tvoří zejména
a) příspěvky fyzických a právnických osob,
b) příjmy z prodeje a z pronájmu movitého, nemovitého a nehmotného majetku církví a náboženských společností,
c) úroky z vkladů,
d) dary a dědictví,
e) sbírky a příspěvky z části výtěžků podle zvláštního zákona,
f) půjčky a úvěry,

g) příjmy z podnikání nebo z jiné výdělečné činnosti,
h) dotace.
(5) Předmět podnikání a jiné výdělečné činnosti musí být vymezen v základním dokumentu registrované církve a náboženské společnosti. Podnikání a jiná výdělečná činnost církve a náboženské společnosti mohou být pouze její doplňkovou výdělečnou činností.
(6) Církev a náboženská společnost vede účetnictví podle zvláštních předpisů.
[...]

§ 27a
(1) Ministerstvu jsou poskytovány v rozsahu potřebném pro řízení o návrhu na registraci církve a náboženské společnosti, pro řízení o návrhu na přiznání oprávnění k výkonu zvláštních práv a pro potřeby ověření osobních údajů členů statutárního orgánu církve a náboženské společnosti, statutárního orgánu evidované právnické osoby a svazu církví a náboženských společností ze základního registru obyvatel referenční údaje, a to
a) příjmení,
b) jméno, popřípadě jména,
c) adresa místa pobytu,
d) datum, místo a okres narození, u subjektu údajů, který se narodil v cizině, datum, místo a stát, kde se narodil,
e) datum, místo a okres úmrtí; jde-li o úmrtí subjektu údajů mimo území České republiky, datum úmrtí, místo a stát, na jehož území k úmrtí došlo; je-li vydáno rozhodnutí soudu o prohlášení za mrtvého, den, který je v rozhodnutí uveden jako den smrti nebo den, který subjekt údajů prohlášený za mrtvého nepřežil, a datum nabytí právní moci tohoto rozhodnutí,
f) státní občanství, popřípadě více státních občanství.
(2) Ministerstvu jsou poskytovány v rozsahu potřebném pro řízení o návrhu na registraci církve a náboženské společnosti, pro řízení o návrhu na přiznání oprávnění k výkonu zvláštních práv a pro potřeby ověření osobních údajů členů statutárního orgánu církve a náboženské společnosti, statutárního orgánu evidované právnické osoby a svazu církví a náboženských společností z agendového informačního systému evidence obyvatel údaje, a to
a) jméno, popřípadě jména, příjmení, rodné příjmení,
b) pohlaví,
c) rodné číslo,

d) státní občanství, popřípadě více státních občanství,
e) adresa místa trvalého pobytu, včetně předchozích adres místa trvalého pobytu, popřípadě též adresa, na kterou mají být doručovány písemnosti podle jiného právního předpisu,
f) počátek trvalého pobytu, popřípadě datum zrušení údaje o místu trvalého pobytu nebo datum ukončení trvalého pobytu na území České republiky,
g) omezení svéprávnosti, jméno, popřípadě jména, příjmení a rodné číslo opatrovníka; nebylo-li opatrovníkovi rodné číslo přiděleno, datum, místo a okres narození; je-li opatrovníkem ustanoven orgán místní správy, název a adresa sídla.
(3) Ministerstvu jsou poskytovány v rozsahu potřebném pro řízení o návrhu na registraci církve a náboženské společnosti, pro řízení o návrhu na přiznání oprávnění k výkonu zvláštních práv a pro potřeby ověření osobních údajů členů orgánu církve nebo náboženské společnosti, statutárního orgánu evidované právnické osoby a svazu církví a náboženských společností z agendového informačního systému cizinců údaje, a to
a) jméno, popřípadě jména, příjmení, rodné příjmení,
b) datum narození,
c) státní občanství, popřípadě více státních občanství,
d) druh a adresa místa pobytu,
e) číslo a platnost oprávnění k pobytu,
f) omezení svéprávnosti.
(4) Údaje, které jsou vedeny jako referenční údaje v základním registru obyvatel, se využijí z agendového informačního systému evidence obyvatel nebo z agendového informačního systému cizinců, pouze pokud jsou ve tvaru předcházejícím současný stav.
(5) Z poskytovaných údajů lze v konkrétním případě použít vždy jen takové údaje, které jsou nezbytné ke splnění daného úkolu.
§ 28
Přechodná ustanovení
(1) Církve a náboženské společnosti, které ke dni nabytí účinnosti tohoto zákona vyvíjely svou činnost jako registrované ze zákona, se považují za registrované podle tohoto zákona. Jejich seznam je uveden v příloze k tomuto zákonu. Rozsah oprávnění k výkonu zvláštních práv podle § 7 odst. 1, které mají tyto církve a náboženské společnosti ke dni nabytí účinnosti tohoto zákona, zůstává zachován.
(2) Do doby přijetí zvláštních právních předpisů podle § 7 odst. 2 lze zvláštní práva vykonávat podle dosavadních právních předpisů. Dohody

o výkonu těchto práv registrovaných církví a náboženských společností uzavřené před nabytím účinnosti tohoto zákona zůstávají do této doby v platnosti.
(3) Církevní právnické osoby evidované ke dni nabytí účinnosti tohoto zákona se považují za evidované podle tohoto zákona. Datum jejich evidence podle dosavadních právních předpisů se zachovává.
(4) Registrované církve a náboženské společnosti podle odstavce 1 jsou povinny ve lhůtě do 1 roku ode dne nabytí účinnosti tohoto zákona doplnit ministerstvu údaje podle tohoto zákona k jejich registraci nebo evidenci. Nedoplní-li registrovaná církev a náboženská společnost tyto údaje, ministerstvo ji vyzve k doplnění údajů v termínu nejméně 30 dnů ode dne doručení výzvy. Nedoplní-li registrovaná církev a náboženská společnost údaje v tomto termínu, ministerstvo může podle povahy nedoplněných údajů zahájit řízení o zrušení její registrace.

CRCs are to be primarily financed by contributions and donations. Business activities have to be specified in the CRC's statute and cannot be a principal source of income. The CRCs keep accounts according to special regulations. The language of communication with the Ministry is Czech; all other relevant documents need to be translated into Czech.

Registration of unions of churches and religious societies since 2002

The same law regulates unions of CRCs.

Zákon č. 3/2002Sb., o církvích a náboženských společnostech
§ 8
Svazy církví a náboženských společností
(1) K výkonu práva náboženské svobody podle tohoto zákona mohou registrované církve a náboženské společnosti založit svaz církví a náboženských společností. Svaz církví a náboženských společností vzniká jako právnická osoba registrací podle tohoto zákona.
(2) Členy svazu církví a náboženských společností mohou být jen registrované církve a náboženské společnosti.
(3) Svaz církví a náboženských společností nemůže navrhnout k evidenci právnickou osobu podle § 15a odst. 1 písm. a).

The requirements for the registration of unions of CRCs are as follows:

§ 12
Návrh na registraci svazu církví a náboženských společností

> (1) Návrh na registraci svazu církví a náboženských společností musí obsahovat
> a) název svazu církví a náboženských společností; název svazu církví a náboženských společností nemusí obsahovat označení jeho právní formy,
> b) sídlo svazu církví a náboženských společností na území České republiky,
> c) písemnou zakladatelskou smlouvu uzavřenou zakládajícími církvemi a náboženskými společnostmi, v níž se uvedou jejich názvy a sídla,
> d) stanovy svazu, v nichž je určen předmět činnosti svazu církví a náboženských společností, úprava majetkových poměrů, vznik a zánik členství, práva a povinnosti členů, statutární orgán svazu církví a náboženských společností a další orgány svazu, délku funkčního období členů jeho orgánů, způsob jejich ustavování a rozsah jejich oprávnění jednat jménem svazu, způsob zrušení svazu a naložení s jeho likvidačním zůstatkem,
> e) osobní údaje osob oprávněných jednat do vytvoření orgánů svazu církví a náboženských společností jeho jménem (dále jen „přípravný výbor svazu") a určení, kdo z jeho členů je zmocněn jednat jménem přípravného výboru svazu.
> (2) Písemná zakladatelská smlouva o založení svazu církví a náboženských společností se předkládá ve formě notářského zápisu.
> (3) Návrh na registraci svazu církví a náboženských společností podává přípravný výbor svazu. Podpisy členů přípravného výboru svazu musí být úředně ověřeny.

The registration has a constitutive effect, i.e. the union of CRCs becomes in such a way a legal person in state law. Registration requirements are similar to that of CRCs, with the exception that there is no minimum number of union members. Since 2002, only two unions have been registered: Ecumenical Council of Churches in the Czech Republic (19 July 2005) and Military Religious Service[2] (4 February 2005).

The regulation of the register of unions of CRCs is connected with the register of CRCs themselves, therefore we speak about them together in the next sub-paragraph.

The Act no. 3/2002 Coll. regulates in detail the keeping of the register of churches and religious societies and their unions:

2 The Military Religious Service (Vojenská duchovní služba, VDS) is an association of military chaplains commissioned by their church and approved by the Council for Spiritual Service in the Army. Chaplains are employees of the Ministry of Defense, belong to ten different churches.

Zákon č. 3/2002Sb., o církvích a náboženských společnostech

HLAVA V

REJSTŘÍKY REGISTROVANÝCH CÍRKVÍ A NÁBOŽENSKÝCH SPOLEČNOSTÍ, SVAZŮ CÍRKVÍ A NÁBOŽENSKÝCH SPOLEČNOSTÍ A EVIDOVANÝCH PRÁVNICKÝCH OSOB

§ 17

Společná ustanovení o rejstřících registrovaných církví a náboženských společností, svazů církví a náboženských společností a evidovaných právnických osob

(1) Ministerstvo vede Rejstřík registrovaných církví a náboženských společností, Rejstřík svazů církví a náboženských společností a Rejstřík evidovaných právnických osob, do kterých se zapisují právnické osoby registrované nebo evidované podle tohoto zákona a tímto zákonem stanovené údaje a jejichž součástí je sbírka listin předkládaných církvemi a náboženskými společnostmi a svazy církví a náboženských společností podle tohoto zákona.

[...]

(3) Do rejstříků podle odstavce 1 v části, ve které jsou veřejným seznamem, má právo nahlížet každý a pořizovat si z něj výpisy či opisy. Na písemnou žádost lze z veřejné části rejstříků vydat úřední opis, výpis nebo potvrzení o určitém zápisu anebo o tom, že v nich určitý zápis není. Z neveřejné části rejstříků lze takový doklad vydat jen tehdy, osvědčí-li žadatel právní zájem.

(4) Skutečnosti zapsané v rejstřících podle odstavce 1 jsou účinné vůči každému ode dne jejich zápisu. Proti tomu, kdo jedná v důvěře v zápis do rejstříků, nemůže ten, jehož se zápis týká, namítat, že zápis neodpovídá skutečnosti.

[...]

§ 18

Rejstřík registrovaných církví a náboženských společností

(1) Do Rejstříku registrovaných církví a náboženských společností se zapisují tyto údaje a jejich změny:

a) název a sídlo registrované církve a náboženské společnosti s uvedením dne a čísla registrace,

b) název statutárního orgánu registrované církve a náboženské společnosti,

c) osobní údaje členů statutárního orgánu registrované církve a náboženské společnosti, den vzniku a zániku jejich funkce,

d) předmět obecně prospěšné, podnikatelské a jiné výdělečné činnosti, jsou-li provozovány,

e) identifikační číslo registrované církve a náboženské společnosti,
f) přiznání oprávnění k výkonu zvláštních práv s uvedením dne a čísla registrace s vyznačením, zda registrované církvi a náboženské společnosti byla přiznána všechna zvláštní práva podle § 7 odst. 1 nebo zvláštní práva podle § 7 odst. 1 písm. a) až d),
g) zrušení registrace církve a náboženské společnosti s uvedením právního důvodu, vstup do likvidace a osobní údaje likvidátora, rozhodnutí o úpadku, zamítnutí insolvenčního návrhu proto, že majetek nebude postačovat k úhradě nákladů insolvenčního řízení, zrušení konkursu proto, že majetek je zcela nepostačující, a jméno, příjmení (obchodní firma) a sídlo insolvenčního správce s uvedením dne a čísla rozhodnutí o těchto skutečnostech, zánik registrované církve a náboženské společnosti,
h) identifikační údaje o právním nástupci církve a náboženské společnosti, dojde-li k jejich zrušení s právním nástupcem,
i) způsob jednání statutárního orgánu registrované církve a náboženské společnosti,
j) údaj o tom, že registrovaná církev a náboženská společnost má zapsán status veřejné prospěšnosti a kdy jí byl přiznán, údaj o tom, že bylo zahájeno řízení o odnětí statusu, a údaj o tom, kdy byl tento status vymazán a důvod jeho odnětí.
(2) Součástí rejstříku podle odstavce 1 je sbírka listin obsahující dokumenty předkládané v návrhu na registraci církve a náboženské společnosti, v návrhu na přiznání oprávnění k výkonu zvláštních práv, v návrzích na registraci změn těchto dokumentů, rozhodnutí ministerstva a další dokumenty, o kterých tak stanoví zvláštní právní předpis.
[...]
§ 19
Rejstřík svazů církví a náboženských společností
(1) Do Rejstříku svazů církví a náboženských společností se zapisují tyto údaje a jejich změny:
a) název a sídlo svazu církví a náboženských společností s uvedením dne a čísla registrace,
b) názvy členů svazu církví a náboženských společností a jejich sídla,
c) název a sídlo statutárního orgánu svazu církví a náboženských společností,
d) osobní údaje členů statutárního orgánu svazu církví a náboženských společností, den vzniku a zániku jejich funkce,
e) předmět činnosti svazu církví a náboženských společností,
f) identifikační číslo svazu církví a náboženských společností,

g) zrušení registrace svazu církví a náboženských společností s uvedením právního důvodu, vstup do likvidace a osobní údaje likvidátora, rozhodnutí o úpadku, zrušení konkursu proto, že majetek je zcela nepostačující, a jméno, příjmení (obchodní firma) a sídlo insolvenčního správce s uvedením dne a čísla rozhodnutí o těchto skutečnostech, zánik svazu církví a náboženských společností,
h) identifikační údaje o právním nástupci svazu církví a náboženských společností, dojde-li k jeho zrušení s právním nástupcem,
i) způsob jednání statutárního orgánu svazu církví a náboženských společností,
j) údaj o tom, že svaz církví a náboženských společností má zapsán status veřejné prospěšnosti a kdy mu byl přiznán, údaj o tom, že bylo zahájeno řízení o odnětí statusu, a údaj o tom, kdy byl tento status vymazán a důvod jeho odnětí.
(2) Součástí Rejstříku svazů církví a náboženských společností je sbírka listin obsahující dokumenty předkládané v návrhu na registraci svazu církví a náboženských společností, v návrzích na registraci změn těchto dokumentů, rozhodnutí ministerstva a další dokumenty, o kterých tak stanoví zvláštní právní předpis.
[...]

The Ministry of Culture register keeps a register of CRCs, unions of CRCs and of other legal persons registered according to the Law on CRCs. This register contains legal statutes and documents submitted by the CRCs, the list of their recognised rights, title, address, contacts to statutory organs, type of activity of the CRC etc. The register is public.

1.3 Legal Persons Established by Registered Religious Communities

Act no. 2/2003 Coll. contains detailed provisions regarding legal persons established by CRCs, such as religious communities.

Zákon č. 3/2002Sb., o církvích a náboženských společnostech
§ 6
(2)
Registrovaná církev a náboženská společnost může navrhnout k evidenci orgán církve a náboženské společnosti nebo řeholní a jinou církevní instituci založenou v církvi a náboženské společnosti podle jejích vnitřních předpisů za účelem organizace, vyznávání a šíření náboženské víry

jako právnickou osobu podle tohoto zákona (dále jen „církevní právnická osoba").

In the original version of the act such persons were called "religious legal persons" and the wording of § 6 section 2 allowed their establishment only for purely religious purposes such as organising, professing and spreading religious faith. In November 2002, the Constitutional Court cancelled, among other things, this provision as anti-constitutional. It thus rejected the original ideological orientation of the act which reduced the activities of CRCs to narrowly faith-oriented activities. Therefore, the juridical status of legal persons established by CRC has been modified by the amendment to the act (no. 495/2009 Coll.), where the name "church legal person" also was changed to "registered legal person".

Zákon č. 3/2002Sb., o církvích a náboženských společnostech
HLAVA IV
EVIDOVANÉ PRÁVNICKÉ OSOBY
§ 15a
Společná ustanovení o evidovaných právnických osobách
(1) Orgán registrované církve a náboženské společnosti podle § 10 odst. 3 písm. d) může navrhnout k evidenci podle tohoto zákona
a) orgán registrované církve a náboženské společnosti, řeholní a jinou církevní instituci osob hlásících se k církvi a náboženské společnosti založené za účelem vyznávání náboženské víry,
b) účelové zařízení registrované církve a náboženské společnosti založené církví a náboženskou společností pro poskytování charitativních služeb (dále jen „účelové zařízení").
[...]
(4) Podnikání a jiná výdělečná činnost právnických osob evidovaných podle odstavce 1 vedle obecně prospěšné činnosti charitativní, sociální nebo zdravotnické mohou být pouze jejich doplňkovou činností.
(5) Nabytím statusu veřejné prospěšnosti pro registrovanou církev a náboženskou společnost nabývají tento status i právnické osoby evidované podle odstavce 1.
[...]
§ 16a
Evidence právnických osob založených registrovanou církví a náboženskou společností podle § 15a odst. 1 písm. b)
(1) Účelové zařízení registrované církve a náboženské společnosti pro poskytování služeb sociálních nebo zdravotnických nebo působící jako

charita či diakonie, které bude navrženo k evidenci podle tohoto zákona, se zakládá zakládací listinou registrované církve a náboženské společnosti, podepsanou členem nebo členy orgánu registrované církve a náboženské společnosti podle §10 odst. 3 písm. d). Podpisy musí být úředně ověřeny.
(2) Účelové zařízení poskytuje veřejnosti obecně prospěšné služby za předem stanovených a pro všechny uživatele stejných podmínek.

Those legal persons registered according to the Law on CRCs are registered upon request of the CRC, provided all legal conditions are fulfilled. In the wording of the amendment from 2005, there are two types of legal persons established by CRC: a) organisational units of the CRC, classically expressed as "religious communities", having as their mission purely religious activities; b) specialised units of CRC serving, e.g. in the area of charity and social care, education, health care, etc.

Both types of legal persons are legally evidenced, i.e. inscribed in the register, because the evidence is of a declaratory nature: while complying with the prescribed conditions (especially a period of ten days to report), the state records creation of the entity *ex tunc* from the moment of its establishment by the internal regulations of the CRC. If these conditions are not fulfilled, the records state establishment of the entity *ex nunc* since its inclusion in the registry.

Business activities of such legal persons are allowed but only as a secondary source of income. The law further recognises purpose-oriented facilities of a registered CRC providing social or health services or acting as a charity.

Zákon č. 3/2002Sb., o církvích a náboženských společnostech
[...]
HLAVA VI
ZRUŠENÍ A ZÁNIK REGISTROVANÉ CÍRKVE A NÁBOŽENSKÉ SPOLEČNOSTI, SVAZU CÍRKVÍ A NÁBOŽENSKÝCH SPOLEČNOSTÍ A EVIDOVANÉ PRÁVNICKÉ OSOBY, ZRUŠENÍ OPRÁVNĚNÍ REGISTROVANÉ CÍRKVE A NÁBOŽENSKÉ SPOLEČNOSTI K VÝKONU ZVLÁŠTNÍCH PRÁV
[...]
§26
Zrušení evidence evidované právnické osoby a její zánik
(1) Ministerstvo zruší evidenci evidované právnické osoby podle §15a odst. 1
a) na návrh orgánu registrované církve a náboženské společnosti, který ji navrhl k evidenci, do 5 pracovních dnů ode dne doručení tohoto návrhu,
b) z vlastního podnětu, zjistí-li, že tato právnická osoba vyvíjí činnost

v rozporu s § 3 písm. a), § 5 nebo § 15a odst. 4, a nezjedná-li nápravu k tomu příslušný orgán registrované církve a náboženské společnosti, který ji navrhl k evidenci, po výzvě ministerstva, ke dni nabytí právní moci rozhodnutí o zrušení evidence,
c) z vlastního podnětu, zanikne-li registrace církve a náboženské společnosti, jejíž orgán tuto právnickou osobu navrhl k evidenci, ke dni nabytí právní moci rozhodnutí o zrušení registrace církve a náboženské společnosti podle § 24 odst. 3,
d) po zrušení konkursu po splnění rozvrhového usnesení nebo po zrušení konkursu z důvodu, že její majetek je zcela nepostačující, nebo po zamítnutí insolvenčního návrhu proto, že její majetek nebude postačovat k úhradě nákladů insolvenčního řízení, ke dni nabytí právní moci usnesení soudu,
e) z vlastního podnětu, nebyli-li ustaveni členové statutárního orgánu a všem dosavadním členům statutárního orgánu skončilo funkční období před více než rokem, ke dni nabytí právní moci rozhodnutí o zrušení evidence,
f) po uplynutí doby, na kterou byla založena, ke dni uplynutí této doby,
g) ke dni uvedenému v rozhodnutí o zrušení právnické osoby podle § 15a odst. 1 písm. b) podle zakládací listiny účelového zařízení, nebo
h) jestliže účelové zařízení neposkytuje obecně prospěšné služby uvedené v zakládací listině po dobu delší než jeden rok, ke dni nabytí právní moci rozhodnutí o zrušení evidence.
(2) Evidence právnické osoby podle § 15a odst. 1 zaniká výmazem z Rejstříku evidovaných právnických osob.
[...]
(8) Je-li proti evidované právnické osobě vedeno trestní stíhání nebo vykonává-li trest uložený podle zvláštního právního předpisu, je přílohou návrhu podle odstavce 1 písm. a) kopie rozhodnutí, kterým soud povolil její zrušení podle zvláštního právního předpisu. Před provedením výmazu z Rejstříku evidovaných právnických osob ministerstvo zkoumá, zda jeho provedení nebrání probíhající trestní stíhání proti evidované právnické osobě nebo výkon trestu, který jí byl uložen podle zvláštního právního předpisu.

The act also sets out in detail the process of termination or cancellation of the evidenced legal person. The removal from the register can occur either on request of the related CRC, or after removal of the CRC, after the legal person has ceased to provide services or fulfil other legal conditions. When the state revokes the registration of a legal person, which may still be subject to the internal regulations of the CRC, such a person cannot develop any activity, even financial.

Act no. 3/2002 Coll. regulates in detail the keeping of the register of legal persons established by CRCs. This register contains legal statutes and documents submitted by the CRCs, the list of their recognised rights, title, address, contacts to statutory organs, type of religious charitable, for profit, activity of the CRC etc. The register is publicly available and the website of the Ministry of Culture.

1.4 Religious Communities as Associations

The lack of standards regarding registration of CRCs (adopted in 1991) led to the appearance of other forms of non-profit and non-governmental organisations that were used for religious purposes, namely: civic associations (according to Act no. 83/1990 Coll., on the association of citizens; in German *Bürgerverein*), general benefit associations (pursuant to Act no. 248/1995 Coll., on generally beneficial associations, in German *gemeinnützige Gesellschaft*), and foundations (under Act no. 227/1997 Coll., on foundations and endowment funds, in German *Stiftung*).

Civic association was the most widely used form. Act no. 83/1990 Coll., on associations of citizens, stipulated that its rules do not apply for CRS, but it did not forbid that civil associations develop a religious activity. CRCs use other existing legal forms for additional profitable activities, often limited liability companies.

The new Civil Code no. 89/2012 Coll. with effect from 1 January 2014 made major changes: civic associations were transformed to incorporated societies (in German *eingetragene Vereine*); existing associations have generally maintained their existence, but new ones could not be established in the same form. New societies have to set up as associations possessing a nature that benefits the public (community interest societies); thus foundation became one of most widely used forms of incorporation. In general, CRCs that have not been granted the exercise of special rights have tended more often to use such legal registration forms that established and recognised CRCs before 2002.

CHAPTER 2

Relations between the State and Islam

2.1 Introduction

The Czech lands have, throughout their history never come into direct contact with Islam, so a large community of followers of Islam has never appeared on its territory.[1] However, a large number of Muslims became subjects of the Austro-Hungarian Empire after the annexation (in 1878) and occupation (in 1908) of Bosnia and Herzegovina, and it was necessary to regulate their legal position. The Austrian part of the monarchy recognised the Hanafi rite of Islam by Imperial Act no. 159 of 15 July 1912, and in the Hungarian part a similar recognition of the Islamic religion universally was granted by the act no. XVII: 1916. Neither in the Czech lands (now the Czech Republic) nor in Upper Hungary (today's Slovak Republic) had any Muslim religious community that would have been legally recognised in accordance with these laws before the end of the monarchy. The Austrian laws became a basis for later legal recognition in Czechoslovakia.[2,3]

In the 1930s, mainly in Prague, a group initiated by the Egyptian Consul and led by a Czech journalist, the convert Alois Bohdan Brikcius, tried to establish a Muslim religious community called *Moslimská náboženská obec pro Československo s ústředím v Praze* (Muslim Religious Community for Czechoslovakia with Headquarters in Prague, MNO). The community expressed the will to achieve legal recognition and to build a mosque in Prague. MNO held an inaugural meeting on 23 December 1934, elected a council in 1935 and requested a recognition according to the 1912 law on Islam. MNO was granted a state recognition in 1935, under the condition of providing its statutes and await a decision by the Ministry of the Interior for its legal establishment.[4] The process ran into legal and bureaucratic difficulties because it sought recognition as a single Muslim community for the whole territory of Czechoslovakia, which at that time had a dualistic legal system, in addition to the reluctance of the state organs to grant special rights to a non-Christian community and language-

1 For the introduction see e.g. Mendel, Miloš, Bronislav Ostřanský & Tomáš Rataj, *Islám v srdci Evropy* [*Islam in the Heart of Europe*] (Praha: Academia, 2007), pp. 333–378.
2 Miloš Mendel, Muslimská náboženská obec v českých zemích, Religio 1996, p. 168.
3 See S. Macháček_ Czech Republic, in: Yearbook of Muslims in Europe 2008, p. 196.
4 Miloš Mendel, Muslimská náboženská obec v českých zemích, Religio 1996, p. 170.

related exceptions.[5] Recognition of the Muslim religious community occurred during the Second World War at the end of 1941 (the exact date is not known), but only for the Protectorate of Bohemia and Moravia, regardless of the law's applicability in today's Slovakia.

After the Second World War, recognition of the Islamic religious community of 1941 was cancelled because of legal discontinuity, and its representative Brikcius was sentenced to prison for collaborating with the Nazis.

Activities of the religious community were significantly reduced up to the end of the 1950s, because the communist regime repressive attitude to all religions. During the partial relaxation in 1968, members of the Muslim religious community began steps towards filing an application for legal recognition, but these efforts were frozen after the Soviet-led occupation of Czechoslovakia in August 1968 and by the emigration of some leading members of the religious community.

The following so-called "normalisation" was for Muslims in Czechoslovakia a period of stagnation until the late 1980s. The Muslim religious community continued to exist *de facto*, but not *de jure*, and an additional location of active religious life in Moravia (Brno and Třebíč) was created before 1989.

2.2 The Legal Basis for the Muslim Communities in the Czech Republic

In 1990, after the Velvet Revolution in Czechoslovakia, Muslims began to be more active. Their center of activity was initially in Brno. The leading personality of Muslim community in Czechoslovakia was Mohamed Ali (Přemysl) Šilhavý (1917–2008). He petitioned government authorities for the re-recognition of the Islamic religious community but the answer was in the negative because of the lack of a legal basis for the legal recognition of churches and religious societies.

In May 1991, the first Muslim organisation in the post-communist Czech Republic was established under the name of *Ústředí muslimských náboženských obcí* (Centre of Muslim Religious Communities, hereinafter "CMRC") as an umbrella body for Muslims in the Czech Republic (still then part of the Czechoslovak federation).[6] Although CMRC was not recognised by all Muslim groups, it continued to negotiate with state authorities.

5 Mendel, p. 173.
6 See S. Macháček_ Czech Republic, in: Yearbook of Muslims in Europe 5/ 2012, p. 198.

A legal basis for the authorisation was given by the federal Act no. 308/1991 Coll., on freedom of religious belief and the status of churches and religious societies (effective from 1 September 1991), with an appendix containing a list of churches and religious societies recognised by law or by state decisions—however, the Muslim religious community was not included. It was necessary to make an application for a new registration; for this the law stipulated a petition presented by a three-member preparatory committee, the basic document of the church or religious society, its name which differed from the name of any other legal person operating in Czechoslovakia and the signatures and personal information of persons claiming to be a member of a church or religious society in the amount prescribed by the legal act of a republic (part of the federation). The necessary number of members was established in the Czech Republic by Act no. 161/1992 Coll., on the registration of churches and religious societies, requiring 10,000 adult persons with permanent residence in the Czech Republic or—in the case of the member churches of the World Council of Churches—a total of 500 members.

The stipulated number of 10,000 persons was too high for CMRC, nor did CMRC wish to provide such an extensive range of personal information of its members. Therefore, the conditions of the act for registration were not satisfied. That is why—after the breakup of Czechoslovakia and the independent state of the Czech Republic (1 January 1993) began—the Ministry halted the registration process in March 1996. Although CMRC opposed the decision in a letter to the Minister of Culture in April 1996, the minister confirmed the decision of the Ministry on 16 August 1996.

The main Islamic centers in Prague and Brno had been registered as foundations in the 1990s in the absence of a law on CRCs: the Islamic Foundation in Prague, headquartered at Prague 9-Kyje, Blatská 1491, and the Islamic Foundation in Brno (working under the name of the Foundation for the Establishment and Operation of the Islamic Centre since 1998), based at Brno, Vídeňská 38a. Both foundations have built mosques and provide a basis for religious activities in Prague and Brno for local Muslim religious communities and the CMRC.

The newly adopted Act no. 3/2002 Coll., on churches and religious societies, offered far more favourable conditions for the registration of Muslims, in particular thanks to a significantly lower numerical limit of 300 people.

The umbrella body took a shorter name: *Ústředí muslimských obcí* (Centre of Muslim Communities, hereinafter "CMC"). CMC filed an application for registration on 1 March 2004, but it was invited by the ministry to supplement this on certain points (these will be commented upon in the following text in the relevant places) on 23 March 2004. After completion, the Ministry of Culture decided to register CMC as a religious society on 30 August 2004 but without granting the special rights mentioned in §7 of the act cited: as noted above, the act requires that the CRC be registered for at least 10 years, during which period it has to publish an annual report on its activities, and it must fulfil its obligations to the state and third parties, and accompany the request with around 10.437[7] the signatures and personal data of members of the CRS.

In 2006, CMC wanted to use one of the provisions of the act for the obtaining of special rights.

> Zákon č. 3/2002 Sb., o církvích a náboženských společnostech
> §27
> Společná ustanovení
> [...] (8) Ministerstvo se souhlasem vlády může učinit výjimku a přiznat oprávnění ke zvláštním právům podle §7 odst. 1 církvím a náboženským společnostem, které reprezentují významné světové náboženství s dlouhou historickou tradicí, působí na území České republiky a jsou registrovány podle tohoto zákona. V tomto případě se nevyžaduje splnění podmínek podle §11 odst. 1 a 4. Návrh na přiznání oprávnění k výkonu zvláštních práv může podat registrovaná církev a náboženská společnost, která plní řádně závazky vůči státu a třetím osobám. Výjimku podle tohoto odstavce lze udělit pouze do 5 let od nabytí účinnosti tohoto zákona.

The act allows for an exception in the registration procedure for CRCs which represent important world religions with a long historical tradition and are active on the territory of the Czech Republic. Such CRCs may be granted special rights even if they do not fulfil all the above-mentioned conditions. The exception can be nevertheless granted only within a period of five years after the coming into force of the Law on CRCs.

CMC submitted an application for the granting of special rights associated with obtaining an exemption on 19 April 2006. The ministry refused the request on 5 October 2006. CMC presented their objection to the decision on 30 October 2006, but the minister of culture upheld the Ministry's decision on 21 December 2006. Because the exception could have been granted (with governmental approval) according this article of the act only until 7 January 2007, it was not possible in this case to continue negotiations, and therefore only the request for exercising special rights in the standard way comes into consideration, according to §11 of the act.

7 The indicated number corresponds to the results of the 2011 census; according to the census results in 2001 it was 10 230 persons.

Therefore, the next possibility to request the granting of special rights was in 2014, that is, 10 years after registration. The request has not been presented thus far for two possible reasons which make the granting legally implausible. First, it is not easy to reach the number of at least 10,437 adult members, citizens of the Czech Republic or foreigners having long-term residence in CZ; secondly, CMC never published the final annual report on its activities.[8]

In August 2016, a group of six deputies, members of the populist political party *Úsvit přímé demokracie* (Dawn of Direct Democracy), carrying an ostentatiously negative attitude towards CMC, submitted an amendment to the act on CRS called "An act on generally dangerous religious societies", seeking to establish further conditions for the granting of special rights to CRCs. The proposed bill stated that the only those CRS be granted that "do not represent threats to the foreign interest of the Czech Republic, do not establish reasonable suspicion of threatening public order or national security," and it required a the binding opinion on that matter by all intelligence services of the Czech Republic. If any of these opinions were negative, the Ministry of Culture would be obliged to initiate the proceedings for the cancelling of the registration of the CRS according to § 22 section 1 of the act on CRS.[9] News reports suggested the bill proposal were linked to the openly anti-Muslim group *Islám v ČR nechceme* (We Do not Want Islam in the Czech Republic).[10] If the bill has been recommended for parliament debate, it has actually never been discussed during the electoral circle ending in 2017 and has thus been quietly put aside.

Exercising the right to establish its institutions according to § 4 section 3 of the act, as either organisational units, or specialised units, the CMC has estab-

---

8 Information regarding the annual reports and the eventual request for granting the exercising of special rights presented by CMC has been officially made available to the Author Němec by the Director of the Department for Churches of the Ministry of Culture of the Czech Republic: Bendová, Pavla, *Re: Žádost o poskytnutí informací dle zák. č. 106/1999 Sb.* [*Re: Application for the granting of information according to Act no. 106/1999 Coll.*], e-mail to the Author on 18 July 2016.

9 Poslanecká sněmovna Parlamentu České republiky, *Sněmovní tisk 891, N.z. o obecně nebezpečných náboženských společnostech* [Chamber of Deputies of the Parliament of the Czech Republic, Parliamentary Document 510, Proposal of the act on generally dangerous religious societies], see http://www.psp.cz/sqw/historie.sqw?o=7&t=891, accessed 29 August 2016.

10 *Větší práva pro české muslimy musí posoudit tajné služby, navrhl Úsvit* (Idnes, 13. 01. 2015 15:57) [Greater rights for Muslims have to be judged by secret services], see http://zpravy.idnes.cz/at-registraci-cirkvi-posuzuji-take-tajne-sluzby-navrhuje-usvit-p8k-/domaci.aspx?c=A150113_155617_domaci_kop, accessed 29 August 2019. The proposal was rejected by the Chamber of Deputies in the first reading in 2015.

lished six religious communities, registered in the publicly accessible register at the Ministry of Culture:[11]

- The Muslim Community in Prague, Blatská 1491, Praha 14-Kyje, and Muslim Community in Brno, Vídeňská 251/38a, Brno, both evidenced 20 June 2007;
- The Muslim Community in Teplice, U Nových lázní 1224/10, Teplice, evidenced 17 April 2009;
- The Muslim Community in Hradec Králové, Drahoňovského 1175/2, Hradec Králové, Pražské Předměstí, evidenced 6 January 2010;
- The Muslim Community in Karlovy Vary, I.P. Pavlova 2001/11, Karlovy Vary, evidenced 27 June 2012;
- The Muslim Community in Liberec, Vackova 375, Liberec XXIII-Doubí, evidenced 13 February 2013.

No specialised unit has been proposed for registeration by the CMC.

2.3 Other Muslim Communities

In addition to the registered CMC and related registered Muslim communities mentioned above, there are at least three religious Muslim groups deliberately standing outside the official stream. First is a Turkish prayer room in Prague, the *Prag Merkez Cami*, headquartered at Pivovarnická 3, Prague 8. The prayer room is intended for a single ethnic group of Muslims in CZ, albeit access to it is free.[12] The Centre cannot be found in public registers of legal persons, and the centre does not even have its own website. The second entity is *Mozaiky Platform Dialog* (until the end of 2013 titled *"Mozaiky"*), headquartered at Praha-Nové Město, Žitná 1575/49, connected to the spiritual movement of the emigrated Turkish clergyman Fethullah Gülen (Hizmet). This entity has the legal status of a registered association.[13] The third entity is the *Muslimská unie* (Muslim Union, MU) based at Chmelová 2893/4, Záběhlice, 106 00 Prague. The MU is

11 Ministerstvo kultury České republiky, *Rejstřík církví a náboženských společností; Rejstřík evidovaných právnických osob* [Ministry of Culture of the Czech Republic, *Register of Churches and Religious Societies; Register of Registered Legal Persons*], see http://www3.mkcr.cz/cns_internet/, accessed 29 January 2020. It is interesting that there are only three religious communities on the website of CMC, namely Prague, Brno and Teplice; see http://www.umocr.cz/, accessed 29 January 2020.

12 Prague Central Mosque—Prag Merkez Camii, *Mešita* [*Mosque*], see https://www.facebook.com/pages/Prag-Central-Mosque-Prag-Merkez-Camii/238166546340224, accessed 29 January 2020.

13 Mozaiky o.s., *O nás* [*About us*], see http://platformdialog.cz/pages/onas, accessed 29 January 2020.

registered as an association with the declared aim to (according to its statutes) sponsor activities of Muslims in the Czech Republic,[14] The MU director sometimes acts in public as a representative of Muslims in the country.

The last significant group is *Všeobecný svaz muslimských studentů a mládeže v České republice* (General Union of Muslim Students and Youth in the Czech Republic, founded in 1991 as the "Muslim Student Union", MUS) headquartered at Praha 9-Kyje, Blatská 1419. The MUS states aim is to organise Muslim students at Czech universities and to open prayer rooms in the university campuses.[15] Its activities are coordinated with the activities of the Islamic Foundation in Prague.

2.4 General Provisions on Islamic Foundations (waqf)

There is no specific regulation in the Czech law regulating Islamic foundations. Although internationally active Muslim organisations fund activities of Muslim charities (known as *waqf*), they do not act officially as a waqf. One example is the TWRA—Third World Relief Agency. In the Czech Republic, it has the legal form of an association (ID 27041514) and has e.g. contributed to the release of the bilingual Qur'an.

Similarly, there are activities by private groups, such as those focused on raising awareness about the Sharia in the Czech Republic, through, for example, the Sharia4czechia Initiative (sharia.unas.cz). But these groups are unofficial and unregistered.

14 Muslimská unie v České republice, *Kdo jsme* a *Stanovy* [Muslim Union in the Czech Republic, *Who we are* and *Statutes*], see http://muslimskaunie.cz/kdo-jsme/ and http://muslimskaunie.cz/stanovy/, both accessed 11 August 2016. In January 2020, however, the website http://muslimskaunie.cz contained only the option of logging into a private zone.

15 Muslimský svaz studentů a mládeže, *Stanovy* [Union of Muslim Students and Youth, *Statutes*], see http://svazmuslim.cz/node/8, accessed 11 August 2016. In January 2020, however, the website http://www.svazmuslim.cz/ contained only a front page with information about the 30th Winter Congress in Teplice in December 2019. More actual information are available at https://cs-cz.facebook.com/V%C5%A1eobecn%C3%BD-Svaz-Muslimsk%C3%BDch-Student%C5%AF-a-Ml%C3%A1de%C5%BEe--114530218565738/.

CHAPTER 3

State Support for Islamic Religious Communities

The Czech state provided direct support to churches until the end of 2012 according to the Act no. 218/1949 Coll. It consisted of the payment of salaries and of contributions to health and social insurance to clergymen and of a contribution to the administration of CRCs from the state budget. It was enshrined in § 7 of Act no. 3/2002 Coll., on CRS, as one of the special rights of the CRS.

This system was abolished from 1 January 2013 by Act no. 428/2012 Coll., on property settlement with CRCs.

Zákon č. 428/2012 Sb.
Zákon o majetkovém vyrovnání s církvemi a náboženskými společnostmi a o změně některých zákonů (zákon o majetkovém vyrovnání s církvemi a náboženskými společnostmi)
§ 1
Předmět úpravy
Tento zákon upravuje zmírnění některých majetkových křivd, které byly spáchány komunistickým režimem1) církvím a náboženským společnostem, které jsou ke dni nabytí účinnosti tohoto zákona státem registrovanými církvemi a náboženskými společnostmi podle jiného právního předpisu2) (dále jen „registrované církve a náboženské společnosti"), v období od 25. února 1948 do 1. ledna 1990 (dále jen „rozhodné období") a vypořádání majetkových vztahů mezi státem a registrovanými církvemi a náboženskými společnostmi.

The 2012 law aims at the alleviation of certain property injustices committed by the Communist regime registered CRCs between the date of the communist coup d'état on 25 February 1948 and the end of the communist period on 1 January 1990.

This act also establishes economic separation of church and state; the state will transfer funds to the already registered CRCs, having a special right to funding from the state budget in 2012, as compensation for property confiscated in 1948–1989, 56 % in the form of physical restitution (75 billion CZK, i.e. about 3 billion €) and 44 % in the form of financial compensation (59 billion CZK, i.e. about 2.36 billion €). This will be paid in annual instalments over a period of 30 years and will be increased in line with inflation. As a transitional measure, it was determined that the existing support for personal expenses in the amount of 2012 will be paid as a contribution to the CRS for 3 years at an identical amount, then it will be reduced by 5 % of the original amount each year, and after 17 years (i.e. at the end of 2029) it will be completely extinguished.[1]

Direct state support does not concern CMC because it had not gained authorisation to exercise special rights by 2012.

Indirect state support consists mainly in supporting the community activities of CRCs (charitable, social, medical, educational) and promoting the protection, preservation and maintenance of cultural monuments and archives. State sponsorship is regulated by special laws (on social protection and state monument care). This area is not of great importance for Muslims in the Czech Republic because they are not owner of cultural monuments and archives.

Other areas are fiscal benefits for CRCs: exemption from land tax and the tax on buildings used for religious ceremonies and the pastoral care of registered CRCs according to §§ 4 and 9 of Act no. 338/1992 Coll., on tax on immovable property; this includes the exemption of church collections and income from church operations and the member contributions of CRCs from income tax under § 19 of Act no. 587/1992 Coll., on income tax.

Of special interest for Muslims in the Czech Republic are nevertheless fiscal benefits accorded to non-profit businesses and to community-interest taxpayers. Fiscal benefits are also granted to foundations, with the exception of so-called family foundations (§ 17a of Act no. 587/1992 Coll., on income tax). If the expenditures on core activity are higher than the income, the core activity is exempt from income tax (§ 38a); thus donations used for core activity are exempt from income tax (§ 19b). The income tax of a public-benefiting taxpayer may be reduced by up to 30 %, by at least 300 000 CZK (ca. 12 000 Eur), but not more than one million CZK (ca. 40 000 Eur), when funds raised by the tax reduction cover activities that are not subject to income tax (§ 20). Some incomes nevertheless remain subject to taxation such as income from advertising, interest and rents, with the exception of the lease of state property (§ 18a). Moreover, community-interest taxpayers are exempt from road tax for vehicles, if revenues from related ctivity are not subject to income tax (see § 2 para. 1 point c) item 1 of Act no. 16/1993 Coll., on road tax). These concessions also apply to the CRCs and their legal persons.

1 The question of financial settlement remains a heated political theme. For the history and content of the act see Němec, Damián, "Das tschechische Gesetz über Eigentumsvergleich mit Kirchen und Religionsgemeinschaften vom Jahre 2012", *Archiv für katholisches Kirchenrecht. Mit besonderer Berücksichtigung der Länder deutscher Sprache* vol. 182 (2013), 161–200.

CHAPTER 4

The Islamic Community of the Czech Republic

The actual composition of the Muslim community in the Czech Republic can be described, using the words of prominent Czech orientalist Luboš Kropáček as "a small, widely heterogeneous minority",[1] which is composed of university students, university graduates who remained in the country (often married to Czech women), immigrants (often from the Balkans), diplomats with their families and a few Czech converts to Islam. They come from many different countries (Iraq, Syria, Iran, Palestine, Sudan, Kurdistan, Egypt and others), speak various languages and follow various Islamic confessions.

It is very difficult to estimate the number of Muslims in the Czech Republic because of lack of exact statistical data: indication of religious affiliation is optional in the census paper. In the latest census in 2011, out of 10,436,560 inhabitants,[2] only 3,358 persons indicated their Islamic faith. The estimated number of Muslims in the Czech Republic is between ten and fifteen thousand, with not more than four thousand practising. Among these are around 10% who are Czech converts to Islam.[3]

These estimates are consistent with the only in-depth investigation: a research project intended for the Ministry of the Interior, implemented in 2006–2007. It made an approximate calculation of Islamic believers in the country reaching a total of around 11,235, coming from 78 countries and belonging to different sub-groups: 62.6% Sunni Turkish, 28.6% Sunni Arab, 6.3% Sunni Indo-Aryan, 1.8% Persian Shiite and 0.7% Indo-Malay Sunni. Most immigrants come from Iraq, Yemen, Syria, Egypt, Libya, Tunisia, Bosnia and

1 L. Kropáček, Předmluva, *Islamofobie po česku*, ed. B. Ostřanský, Praha 2018, p. 12.

2 According § 5 of Act no. 296/2009 Coll., on census and housing in 2011, only foreign persons and buildings with diplomatic immunity were excluded from the census.

3 Kropáček, Luboš, "Muslims in Czechia. A Small, Widely Heterogeneous Minority", in *Europe and Islam* (Olomouc: Refugium, 2015), pp. 171–173 and 179–182; Macháček, Štěpán, "Czech Republic", in *Yearbook on Muslims in Europe, Volume 7* (Leiden—Boston: 2015), p. 179; Český statistický úřad, *Sčítání lidu, domů a bytů 2011, Tab. 614c Obyvatelstvo podle věku, náboženské víry a pohlaví* [Czech Statistical Office, *Population and Housing Census 2011, Table 614c Population by age, religious belief and sex*], see https://vdb.czso.cz/vdbvo2/faces/index.jsf?page=vystup-objekt&vyhltext=&pvo=OBCR614C&pvokc=&katalog=30719&z=T, accessed 15 July 2016. (The data regarding Muslims are not available in the English version of the webpage.)

Herzegovina, Bulgaria, the former Soviet republics, Macedonia, Serbia (Kosovo), Turkey, Afghanistan and Pakistan; about a third of these are women.[4]

As noted in section 2.3, the Muslims community in the Czech Republic is very fragmented. Their umbrella organisation representing Muslims in dealings with the state is the CMC.

STATUT ÚSTŘEDÍ MUSLIMSKÝCH OBCÍ
Oddíl I
STANOVY ÚSTŘEDÍ MUSLIMSKÝCH OBCÍ
Článek 1
Základní ustanovení
1.Ústředí muslimských obcí (dále jen UMO) je organizací sdružující muslimské obce. Její název v arabštině (jazyk liturgický) je Al Ittihad Al Islami.
2.UMO koordinuje činnost muslimských obcí zejména ve věcech náboženských, sociálních, vzdělávacích a kulturních. Jedná v těchto věcech s orgány státní správy, samosprávy, případně s dalšími institucemi v České republice.
3.UMO jedná a spolupracuje se zahraničními institucemi a organizacemi.
4.UMO má samostatnou právní subjektivitu podle zákona č. 3/2002 Sb. v platném znění.
5.Působnost UMO se vztahuje na území ČR.
6.Sídlem UMO je Praha 9—Kyje, Blatská 1491.
7.Orgány UMO jsou: a. Výkonná rada UMO, b. Kontrolní komise UMO, c. Rada zřizovatelů UMO
[…]
Článek 8
Rada zřizovatelů
1. Rada zřizovatelů (dále jen RZ) je orgánem dohlížejícím na obecný chod UMO a místních obcí, především v záležitostech závažného charakteru, ovlivňujících směřování obce a dosahování cílů obce.
2. Prvními členy RZ jsou tito zakládající členové UMO: [*jména neuvedena*]
3. Počet členů RZ nesmí klesnout pod 6. Členové RZ mohou doplňovat svůj počet volbou nových členů.
4. Členové RZ se scházejí podle potřeby, minimálně jednou ročně.

4 Topinka, Daniel, *Výzkumná zpráva Integrační proces muslimů v České republice—pilotní projekt* [*Research Report on the Process of the Integration of Muslims in the Czech Republic—Pilot Project*] (Ostrava: Veryvision, 2006/2007), pp. 46–50, available at www.mvcr.cz/soubor/integracni-proces-muslimu-v-cr-pilotni-projekt.aspx, accessed 30 January 2020.

5. Členové RZ si ze svého středu zvolí sekretáře, který svolává a řídí schůze RZ, přijímá podněty, žádosti a zprávy adresované RZ a předkládá je k projednání.
6. RZ je usnášeníschopná v případě, že se sejdou nejméně 2/3 jejích členů. Rozhodnutí RZ je platné jen tehdy, jestliže se na něm shodnou nejméně 3/4 přítomných.
7. RZ může svým rozhodnutím zrušit nebo revidovat jakékoliv rozhodnutí či usnesení kteréhokoliv orgánu UMO i místních MO.
8. RZ schvaluje změny základního dokumentu UMO, statut UMO a jeho případné změny. Rovněž v případě zcizování majetku UMO nebo některé z MO (prodej, zástava, darování, apod.) je nutný předchozí písemný souhlas RZ.
9. Pověření členové RZ se mohou zúčastnit schůzí všech orgánů UMO a MO.
10. Člen RZ pozbývá své členství v RZ:
a. písemným oznámením RZ o své rezignaci,
b. zrušením členství v RZ rozhodnutím nejméně 3/4 všech členů RZ,
c. úmrtím.

The Centre of Muslim Communities (CMC) is an organisation associating all Muslims. Arabic is its liturgical language and its name in Arabic is Al Ittihad Al Islami. The CMC coordinates the activities of Muslim communities especially in religious, social, educational and cultural matters. In these matters, it negotiates with state administration bodies, local authorities, or other institutions in the Czech Republic and cooperates with foreign institutions and organisations. It is composed of an Executive Board with the President, two Vice-Presidents and Treasurer and Audit Commission, and besides that, the so-called Counsel of Founders, in which resides the authority in CMC.[5] The Council of Founders is a body supervising the operation of CMC and local communities. It includes the founding members of the CMC and elects its members (to a total no less than 6). Members meet as needed, at least once a year. The quorum at least 2/3 of members and decisions are valid only if at least 3/4 of those present agree. The Council approve changes of statutes, may revoke or revise any decision or resolution of any CMC body or local MO.

5 Available at the official website of CMC: umocr.cz, accessed 29 January 2020.

CHAPTER 5

Muslims and the Law on Issues of Social Integration

5.1 Introduction

Since the question of Muslims staying in the Czech Republic has become a sensitive matter, the regulations relating to the integration of Muslims should be discussed in considerable detail.

Czech law distinguishes between foreigners coming from the EU countries of the Schengen area and from other, so called "third countries". These include all predominantly Muslim countries, and therefore it is necessary to comment on regulations for this type of integration.

The integration law is formed by a relatively large series of acts. Those directly targeted on the integration of foreigners are: Act no. 325/1999 Coll., on asylum, no. 326/199 Coll., on the residence of foreigners in the Czech Republic, and no. 186/2013 Coll., on Czech citizenship—all of these are in relation to the legislation of the European Union.

5.2 International Protection of Foreigners

Act no. 325/1999 Coll., on asylum, confers international protection of foreigners under the competence of the Ministry of Interior.

> Zákon č. 325/1999 Sb.
> Zákon o azylu a o změně zákona č. 283/1991 Sb
> § 3a
> (1) Cizinec je oprávněn podat žádost o udělení mezinárodní ochrany
> a) policii
> 1. na hraničním přechodu, nejde-li o cizince předávaného podle mezinárodní smlouvy nebo předpisu Evropské unie,
> 2. v přijímacím středisku,
> 3. na odboru cizinecké policie krajského ředitelství policie (dále jen „útvar policie") za podmínky, že se dostavil dobrovolně, nebo
> 4. v zařízení pro zajištění cizinců v případě cizince tam zajištěného, s výjimkou cizince zajištěného za účelem jeho předání nebo průvozu

podle mezinárodní smlouvy sjednané s jinými členskými státy Evropské unie přede dnem 13. ledna 2009 nebo přímo použitelného předpisu Evropské unie anebo
b) ministerstvu, je-li hospitalizován u poskytovatele lůžkové péče, vykonává-li zabezpečovací detenci, ochranné léčení, vazbu nebo trest odnětí svobody nebo je-li umístěn ve školském zařízení pro výkon ústavní výchovy nebo ochranné výchovy anebo v zařízení pro děti vyžadující okamžitou pomoc.
(2) Policie a osoba zabývající se poskytováním právní pomoci uprchlíkům poskytuje osobě, která hodlá podat žádost o udělení mezinárodní ochrany, informace vztahující se k mezinárodní ochraně již na hraničním přechodu nebo v tranzitním prostoru mezinárodního letiště.

§ 3b
(1) Oprávnění cizince podat žádost o udělení mezinárodní ochrany v zařízení pro zajištění cizinců zaniká uplynutím 7 dnů ode dne, kdy byl policií informován o možnosti požádat o udělení mezinárodní ochrany na území a důsledcích spojených s uplynutím této lhůty.
(2) Policie informuje cizince o oprávnění podat žádost o udělení mezinárodní ochrany ve lhůtě podle odstavce 1 v jazyce, ve kterém je schopen se dorozumět. Policie o tomto úkonu pořídí záznam, který podepíše cizinec a ten, kdo záznam pořídil. Odmítne-li cizinec podpis nebo nemůže-li psát, uvede se tato skutečnost v záznamu.
(3) Žádostí o udělení mezinárodní ochrany podanou v zařízení pro zajištění cizinců po uplynutí doby podle odstavce 1 je projev vůle cizince, z něhož je zřejmé, že hledá v České republice ochranu před pronásledováním nebo před hrozící vážnou újmou, pouze tehdy, pokud se lze na základě jeho obsahu důvodně domnívat, že došlo k podstatné změně okolností vztahujících se k jeho možnému pronásledování nebo hrozbě vážné újmy; ministerstvo vyrozumí cizince o tom, zda se jeho projev vůle za podání žádosti o udělení mezinárodní ochrany považuje. Na doručování vyrozumění podle věty první se § 11a odst. 3 použije obdobně.

§ 3c
Žadatel o udělení mezinárodní ochrany je povinen se ve lhůtě 24 hodin od okamžiku, kdy podal žádost o udělení mezinárodní ochrany policii podle § 3a písm. a) bodu 3, byl propuštěn z hospitalizace, výkonu zabezpečovací detence, ochranného léčení, vazby nebo trestu odnětí svobody, bylo rozhodnuto o jeho propuštění jako zadržené osoby nebo poté, co opustil školské zařízení pro výkon ústavní výchovy nebo ochranné výchovy

nebo školské zařízení pro preventivně výchovnou péči nebo zařízení pro děti vyžadující okamžitou pomoc, dostavit do přijímacího střediska určeného ministerstvem. [...]. Nastala-li překážka na vůli žadatele o udělení mezinárodní ochrany nezávislá, která brání jeho dostavení se do přijímacího střediska, lhůta podle věty první neběží a žadatel o udělení mezinárodní ochrany je povinen překážku bez zbytečného odkladu oznámit policii nebo ministerstvu a dostavit se do přijímacího střediska ve lhůtě 24 hodin po odpadnutí překážky. Ustanovení § 4 odst. 1 se použije obdobně.

According to standard procedure, foreigners are allowed to apply for asylum (which has a long-term character, provides substantial rights and among others, permanent residence in CZ) or for subsidiary protection (which is short-term in nature and provides fewer rights). Applications may be filed at border crossings, police and detention facilities or at the Ministry, during a short limitation period of seven days after being informed about the possibility to ask for asylum in a language he or she understands. Applicants for international protection are required to go to a reception centre designated by the Ministry usually within 24 hours after the filing request.

§ 12
Azyl se cizinci udělí, bude-li v řízení o udělení mezinárodní ochrany zjištěno, že cizinec
a) je pronásledován za uplatňování politických práv a svobod, nebo
b) má odůvodněný strach z pronásledování z důvodu rasy, pohlaví, náboženství, národnosti, příslušnosti k určité sociální skupině nebo pro zastávání určitých politických názorů ve státě, jehož občanství má, nebo, v případě že je osobou bez státního občanství, ve státě jeho posledního trvalého bydliště.

§ 13
Azyl za účelem sloučení rodiny
(1) Rodinnému příslušníkovi azylanta, jemuž byl udělen azyl podle § 12 nebo § 14, se v případě hodném zvláštního zřetele udělí azyl za účelem sloučení rodiny, i když v řízení o udělení mezinárodní ochrany nebude v jeho případě zjištěn důvod pro udělení mezinárodní ochrany podle § 12.
(2) Rodinným příslušníkem se pro účely sloučení rodiny podle odstavce 1 rozumí
a) manžel nebo partner azylanta,
b) svobodné dítě azylanta mladší 18 let,

c) rodič azylanta mladšího 18 let,
d) zletilá osoba odpovídající za nezletilou osobu bez doprovodu podle § 2 odst. 1 písm. h), nebo
e) svobodný sourozenec azylanta mladší 18 let.
(3) Předpokladem udělení azylu za účelem sloučení rodiny manželu azylanta je trvání manželství před udělením azylu azylantovi. Předpokladem udělení azylu za účelem sloučení rodiny partnerovi azylanta je trvání partnerství před udělením azylu azylantovi.
(4) V případě polygamního manželství, má-li již azylant manžela žijícího s ním na území České republiky, nelze udělit azyl za účelem sloučení rodiny další osobě, která je podle právního řádu jiného státu manželem azylanta.
§ 14
Humanitární azyl
Jestliže v řízení o udělení mezinárodní ochrany nebude zjištěn důvod pro udělení mezinárodní ochrany podle § 12, lze v případě hodném zvláštního zřetele udělit azyl z humanitárního důvodu.
[…]
Důvody udělení doplňkové ochrany
§ 14a
(1) Doplňková ochrana se udělí cizinci, který nesplňuje důvody pro udělení azylu, bude-li v řízení o udělení mezinárodní ochrany zjištěno, že v jeho případě jsou důvodné obavy, že pokud by byl cizinec vrácen do státu, jehož je státním občanem, nebo v případě, že je osobou bez státního občanství, do státu svého posledního trvalého bydliště, by mu hrozilo skutečné nebezpečí vážné újmy podle odstavce 2 a že nemůže nebo není ochoten z důvodu takového nebezpečí využít ochrany státu, jehož je státním občanem, nebo svého posledního trvalého bydliště.
(2) Za vážnou újmu se podle tohoto zákona považuje
a) uložení nebo vykonání trestu smrti,
b) mučení nebo nelidské či ponižující zacházení nebo trestání žadatele o mezinárodní ochranu,
c) vážné ohrožení života civilisty nebo jeho lidské důstojnosti z důvodu svévolného násilí v situaci mezinárodního nebo vnitřního ozbrojeného konfliktu, nebo
d) pokud by vycestování cizince bylo v rozporu s mezinárodními závazky České republiky.
§ 14b
Doplňková ochrana za účelem sloučení rodiny
(1) Rodinnému příslušníkovi osoby požívající doplňkové ochrany se v případě hodném zvláštního zřetele udělí doplňková ochrana za účelem slou-

čení rodiny, i když v řízení o udělení mezinárodní ochrany nebude v jeho případě zjištěn důvod pro její udělení.
(2) Rodinným příslušníkem se pro účely sloučení rodiny podle odstavce 1 rozumí
a) manžel nebo partner osoby požívající doplňkové ochrany,
b) svobodné dítě osoby požívající doplňkové ochrany, které je mladší 18 let,
c) rodič osoby požívající doplňkové ochrany, která je mladší 18 let,
d) zletilá osoba odpovídající za nezletilou osobu bez doprovodu podle § 2 odst. 1 písm. h), nebo
e) svobodný sourozenec osoby požívající doplňkové ochrany, který je mladší 18 let.
(3) Předpokladem udělení doplňkové ochrany za účelem sloučení rodiny manželu osoby požívající doplňkové ochrany je trvání manželství před udělením doplňkové ochrany cizinci. Předpokladem udělení doplňkové ochrany za účelem sloučení rodiny partnerovi osoby požívající doplňkové ochrany je trvání partnerství před udělením doplňkové ochrany cizinci.
(4) V případě polygamního manželství, má-li již osoba požívající doplňkové ochrany manžela žijícího s ním na území České republiky, nelze udělit doplňkovou ochranu za účelem sloučení rodiny další osobě, která je podle právního řádu jiného státu manželem osoby požívající doplňkové ochrany.
§ 15a
(1) Doplňkovou ochranu nelze udělit, je-li důvodné podezření, že cizinec, který podal žádost o udělení mezinárodní ochrany,
a) se dopustil trestného činu proti míru, válečného trestného činu nebo trestného činu proti lidskosti ve smyslu mezinárodních dokumentů obsahujících ustanovení o těchto trestných činech,
b) se dopustil vážného zločinu,
c) se dopustil činů, které jsou v rozporu se zásadami a cíli Organizace spojených národů, nebo
d) představuje nebezpečí pro bezpečnost státu.
[...]

HLAVA XI

AZYLOVÁ ZAŘÍZENÍ

§ 79

(1) Azylová zařízení slouží k hromadnému ubytování žadatelů o udělení mezinárodní ochrany, azylantů a osob požívajících doplňkové ochrany za podmínek zaručujících zachování lidské důstojnosti.

(2) Přijímací středisko slouží k ubytování žadatele o udělení mezinárodní ochrany nebo cizince po dobu, kterou stanoví tento zákon. Za přijímací středisko na mezinárodním letišti se považuje i přijímací středisko na jiném mezinárodním letišti nebo jiné azylové zařízení určené ministerstvem v blízkosti mezinárodního letiště, nelze-li z důvodů kapacitních a souvisejících cizince umístit do přijímacího střediska na mezinárodním letišti, v jehož tranzitním prostoru podal žádost o udělení mezinárodní ochrany. Předává-li policie cizince do přijímacího střediska podle věty druhé, je oprávněna po dobu přepravy omezit jeho osobní svobodu a svobodu pohybu. Vnější ostrahu jiného azylového zařízení určeného ministerstvem podle věty druhé provádí policie.
(3) Pobytové středisko slouží k ubytování žadatele o udělení mezinárodní ochrany do doby nabytí právní moci rozhodnutí o jeho žádosti o udělení mezinárodní ochrany.
(4) Integrační azylové středisko slouží k přechodnému ubytování azylantů a osob požívajících doplňkové ochrany. Ubytování podle věty první se poskytuje nejdéle na dobu 18 měsíců. Ministerstvo může výjimečně povolit ubytování podle věty první i na dobu delší než 18 měsíců.
[...]
§ 54
(1) Bylo-li řízení ve věci mezinárodní ochrany zastaveno z důvodu neposkytnutí údajů k podané žádosti o udělení mezinárodní ochrany, může být cizinec policií zajištěn za účelem jeho vycestování z území.
(2) Cizinec je povinen z území vycestovat ve lhůtě stanovené ve výjezdním příkazu podle tohoto zákona nebo zvláštního právního předpisu; nebyl-li mu výjezdní příkaz udělen, do 30 dnů ode dne pravomocného ukončení řízení ve věci mezinárodní ochrany.
(3) Odstavce 1 a 2 se nepoužijí, je-li cizinec oprávněn k pobytu na území podle zvláštního právního předpisu.
§ 54a
Dobrovolný návrat
(1) Ministerstvo může nést náklady spojené s dobrovolným návratem
a) žadatele o udělení mezinárodní ochrany, který neposkytl údaje k podané žádosti o udělení mezinárodní ochrany, ačkoliv k tomu byl ministerstvem vyzván, na základě jeho písemné žádosti podané do 15 dnů ode dne, který byl uveden ve výzvě k poskytnutí údajů k podané žádosti o udělení mezinárodní ochrany, nebo
b) cizince nebo žadatele o udělení mezinárodní ochrany na základě jeho písemné žádosti podané do 15 dnů od zániku mezinárodní ochrany nebo ode dne nabytí právní moci rozhodnutí ministerstva ve věci mezinárodní

> ochrany nebo rozhodnutí soudu o žalobě proti rozhodnutí ministerstva ve věci mezinárodní ochrany nebo o kasační stížnosti do státu, jehož je cizinec státním občanem, nebo v případě osoby bez státního občanství státu posledního trvalého bydliště. V případě hodném zvláštního zřetele může ministerstvo nést náklady spojené s dobrovolným návratem osob uvedených v písmenech a) a b) i do jiného státu, který není členským státem Evropské unie nebo státem vázaným přímo použitelným předpisem Evropské unie.

The reasons for granting asylum are specified in § 12, namely persistent persecution and a lack of legal protection in their own country, if the asylum seeker is persecuted for the exercise of political rights and freedoms or has a reasonable fear of being persecuted because of race, sex, religion, nationality, belonging to a particular social group or for holding certain political opinions or if he or she is a stateless person.

According to § 15, subsidiary protection will not be granted if the asylum seeker has committed a crime against peace, a war crime or a crime against humanity or if he or she constitutes a danger to national security.

Furthermore, there is the possibility to grant asylum because of family reunification (with spouses, partners and children) and for humanitarian reasons.

In case of family reunification, that is, granting asylum or subsidiary protection to family members, the law does not include second spouses in a polygamous marriage legal in third country's state law. If one legal spouse is already present in the Czech Republic, further spouses cannot claim asylum or subsidiary protection.

Persons who have been granted asylum receive, pursuant to § § 76–78, permanent residence in the Czech Republic and they are bound by the reporting obligations of the place of residence.

According to § 79, asylum facilities are divided into: 1. receiving centres for the accommodation of new applicants until the completion of entry procedures (usually within a week); 2. residential centres for the accommodation of foreigners who have followed input procedures and have pending applications for international protection; 3. integration asylum centres serving persons who have been granted international protection and who have applied for participation in the integration program; 4. non-residential centres for support of integration primarily providing advisory and information services, legal counselling, Czech language courses and cultural orientation courses—the latter devices are used for the integration phase in permanent placement in the community (such centres exist at the regional level).

The act on asylum contains negative provisions also: the reasons for the refusal of international protection are specified in detail in §§15 and 15a, consisting of prior criminal activity of the applicant and of safety reasons; and the transfer of foreigners to another EU country relevant to examining an application for international protection, the return of foreigners to their countries of origin, and, respectively, their transfer to a safe third country are regulated in §§54 and 54a.

Persons entering and residing illegally in the Czech Republic, respectively expelled or locked out from the country by administrative proceedings, and persons whose application for international protection has been refused in accordance with §129 of Act no. 326/1999 Coll., on residence in the Czech Republic, are placed in detention facilities, which are divided into partly a soft detention regime and another part a strict detention regime according to §130 of the same act.

5.3 The State Strategy for the Integration of Foreigners

Act no. 325/1999 Coll., on asylum, authorises the Czech government to establish the rules of the integration programme and the amount of funds set for its implementation.

The Czech government set an innovative national integration programme for 2016 and subsequent years on 20 November 2015, with effect from 1 January 2016, based on its experience with a very strong wave of immigrants, who arrived in 2015. This programme identifies several key areas of integration: 1. the housing sector; 2. the area of employment; 3. the area of education and the elimination of language barriers; 4. the social area; 5. the area of health; and 6. interpreting, legal and social counselling. The State guarantees and funds assistance in all these areas for a period of six months.

Knowledge of the Czech language has a key role in the integration; courses are provided for free for person from third countries by regional integration centers set up by the Ministry of Interior.[1] The strategy determines that its implementation involves the following legal persons: Ministries (of Interior; Finances; Education, Youth and Sports; Labour and Social Affairs; Health), regions (including the capital city of Prague which has the status of a region), employers, municipalities, non-governmental non-profit organisations and churches.

1 The project's website is: http://www.integracnicentra.cz/elementor-18299/.

The strategy first introduced the position of Chief Integration Service Providers, selected on the basis of a public tender, who are bound to implement the agreement with the Ministry of Interior for several years. The first selected is, albeit limited *ad experimentum* for only the year of 2016, Caritas Czech Republic, a purpose-built facility of the Roman Catholic Church, which has become the Chief Provider.[2] After the end of this year, no one applied to be the main contractor, and this task was entrusted to the Refugee Facilities Administration by decision of the Government.[3]

5.4 Stay in the Czech Republic

The basic law is Act no. 326/1999 Coll., on the stay of foreigners in the Czech Republic. Rules for granting permanent residence affect among other things the registration of CRCs and the obtaining of Czech citizenship.

> Zákon č. 326/1999 Sb.
> Zákon o pobytu cizinců na území České republiky a o změně některých zákonů
> Přechodný pobyt na území na základě povolení k dlouhodobému pobytu
> § 42
> Povolení k dlouhodobému pobytu
> (1) Žádost o povolení k dlouhodobému pobytu je oprávněn podat cizinec, který na území pobývá na vízum k pobytu nad 90 dnů, hodlá na území přechodně pobývat po dobu delší než 1 rok a trvá-li stejný účel pobytu.
> (2) Žádost o povolení k dlouhodobému pobytu je dále oprávněn podat cizinec, který na území pobýval na vízum k pobytu nad 90 dnů za účelem strpění pobytu podle § 33 odst. 1 písm. a) až c) nebo § 33 odst. 3 a následně na území pobývá na povolení k dlouhodobému pobytu za úče-

2 Charita České republiky, *Charita ČR se stala generálním poskytovatelem integračních služeb pro uprchlíky* [Caritas Czech Republic, *Caritas Czech Republic became a general provider of integration services for refugees*], see http://migrace.charita.cz/CR/charita-cr-se-stala-generalnim-poskytovatelem-integracnich-sluzeb-pro-uprchliky/, accessed 30 August 2016.

3 Portál pro kritickou diskuzi o migraci [Portal for critical discussion on migration], *Generální poskytovatel integračních služeb pro následující tři roky nebyl v otevřeném výběrovém řízení nalezen* [*The general integration service provider for the next three years was not found in the open tender*], see https://migraceonline.cz/cz/e-knihovna/generalni-poskytovatel-integracnich-sluzeb-pro-nasledujici-tri-roky-nebyl-v-otevrenem-vyberovem-rizeni-nalezen, accessed 29 January 2020.

lem strpění pobytu vydaného podle § 43, pobývá-li na území nepřetržitě po dobu nejméně 3 let.
(3) Žádost o povolení k dlouhodobému pobytu je v souvislosti se skončením vědeckého výzkumu nebo studia dále oprávněn podat držitel povolení k dlouhodobému pobytu za účelem vědeckého výzkumu nebo studia podle § 64 písm. a), který na území hodlá pobývat za účelem hledání zaměstnání nebo zahájení podnikatelské činnosti.
[...]
§ 66
(1) Povolení k trvalému pobytu se bez podmínky předchozího nepřetržitého pobytu na území vydá cizinci
a) který o vydání tohoto povolení žádá z humanitárních důvodů, zejména
1. je-li manželem azylanta a manželství vzniklo před vstupem azylanta na území,
2. je-li nezletilým dítětem azylanta nebo dítětem, které je závislé na péči azylanta, pokud nepožádá o udělení azylu, nebo
3. byl-li v minulosti státním občanem České republiky,
b) který o vydání tohoto povolení žádá z jiných důvodů hodných zvláštního zřetele,
c) na jeho žádost, pokud je jeho pobyt na území v zájmu České republiky, nebo
d) který o vydání tohoto povolení žádá jako nezletilé nebo zletilé nezaopatřené dítě cizince, jenž na území pobývá na základě povolení k trvalému pobytu, je-li důvodem žádosti společné soužití těchto cizinců.
(2) Povolení k trvalému pobytu se dále na žádost vydá cizinci, kterému předchozí povolení k trvalému pobytu na území bylo zrušeno z důvodu podle § 77 odst. 1 písm. c) nebo d), pokud od nabytí právní moci rozhodnutí neuplynula doba 3 let.
§ 67
(1) Povolení k trvalému pobytu se po 4 letech nepřetržitého pobytu na území vydá na žádost cizinci, který na území pobývá v rámci přechodného pobytu po ukončení řízení o udělení mezinárodní ochrany za podmínky, že nejméně poslední dva roky probíhalo poslední řízení o udělení mezinárodní ochrany, včetně případného řízení o žalobě nebo kasační stížnosti, pokud tato žaloba nebo stížnost byla podána v zákonné lhůtě. Do doby pobytu podle věty první se započítává doba pobytu na území na dlouhodobé vízum, na povolení k dlouhodobému nebo trvalému pobytu a doba, po kterou byl cizinec žadatelem o udělení mezinárodní ochrany nebo cizincem, který byl strpěn na území podle zákona o azylu. Nepřetržitost pobytu na území je zachována, pokud cizinec podal žádost o udě-

lení mezinárodní ochrany nejpozději do 7 dnů po skončení přechodného pobytu na dlouhodobé vízum nebo na povolení k dlouhodobému anebo trvalému pobytu; to neplatí, pokud platnost těchto pobytových oprávnění byla zrušena.
(2) Povolení k trvalému pobytu se při splnění podmínek uvedených v odstavci 1 vydá, je-li žadatelem cizinec, který
a) je mladší 18 let,
b) se není schopen o sebe sám postarat z důvodu dlouhodobě nepříznivého zdravotního stavu, nebo
c) je osamělý a starší 65 let.
(3) Povolení k trvalému pobytu se může při splnění podmínek uvedených v odstavci 1 dále vydat, je-li žadatelem cizinec,
a) který je rodičem cizince uvedeného v odstavci 2 písm. a) nebo b),
b) kterému byl rozhodnutím příslušného orgánu cizinec uvedený v odstavci 2 písm. a) nebo b) svěřen do péče, nebo
c) který je jiným přímým příbuzným ve vzestupné nebo sestupné linii cizince uvedeného v odstavci 2
[...]
§68
(1) Povolení k trvalému pobytu se na žádost vydá cizinci po 5 letech nepřetržitého pobytu na území.
(2) Do doby pobytu podle odstavce 1 se započítávají
a) doba pobytu na území na dlouhodobé vízum a na povolení k dlouhodobému pobytu, není-li dále stanoveno jinak,
b) doba pobytu v postavení azylanta nebo osoby požívající doplňkové ochrany podle zákona o azylu,
c) doba předchozího pobytu na základě povolení k přechodnému pobytu včetně doby, po kterou bylo vedeno řízení o žádosti, na základě které bylo povolení k přechodnému pobytu vydáno etc.

Provisions of §§75 and 77 clearly state the reasons for the denial or withdrawal of residence: of the nature of health, of safety and criminal matters, but, amongst others, in the specific case of polygamy too:

§75
(1) Ministerstvo žádost o vydání povolení k trvalému pobytu zamítne, jestliže
a) cizinec k žádosti předloží padělané anebo pozměněné náležitosti nebo náležitosti, v nichž uvedené údaje podstatné pro posouzení žádosti neodpovídají skutečnosti,

b) v případě polygamního manželství nositel oprávnění ke sloučení rodiny již na území s jinou manželkou pobývá,
c) je cizinec evidován v evidenci nežádoucích osob (§154),
d) se cizinec bez vážného důvodu nedostaví k výslechu (§169 odst. 2), odmítne vypovídat nebo ve výpovědi uvede nepravdivé skutečnosti,
e) v řízení jsou zjištěny skutečnosti podle §77 odst. 1 písm. a) nebo e), nebo
f) v řízení nejsou potvrzeny důvody uvedené v žádosti o povolení k trvalému pobytu podle §66 nebo nejsou splněny podmínky podle §67 nebo §68.
(2) Ministerstvo žádost o vydání povolení k trvalému pobytu dále zamítne, jestliže
a) cizinec je zařazen do informačního systému smluvních států,
b) cizinec nepředloží doklad o zajištění prostředků k trvalému pobytu na území,
c) cizinec nesplňuje podmínku trestní zachovalosti (§174),
d) cizinec žádající o povolení k trvalému pobytu podle §66 nesplňuje požadavky opatření před zavlečením infekčního onemocnění,
e) v řízení jsou zjištěny skutečnosti podle §77 odst. 2 písm. g),
f) je důvodné nebezpečí, že by cizinec mohl ohrozit bezpečnost státu nebo závažným způsobem narušit veřejný pořádek, nebo
g) cizinec závažným způsobem narušil veřejný pořádek nebo ohrozil bezpečnost jiného členského státu Evropské unie,
za podmínky, že toto rozhodnutí bude přiměřené z hlediska jeho zásahu do soukromého nebo rodinného života cizince.
(3) K důvodům podle odstavce 1 nebo 2 ministerstvo nemusí přihlédnout, jde-li o vydání povolení k trvalému pobytu v zájmu České republiky nebo z důvodu plnění mezinárodního závazku.
(4) K důvodu podle odstavce 2 písm. a) se nepřihlédne, jde-li o vydání povolení k trvalému pobytu z humanitárních nebo jiných důvodů hodných zvláštního zřetele.
(5) Jde-li o vydání povolení k trvalému pobytu podle odstavce 3 nebo 4, ministerstvo projedná vydání tohoto povolení se smluvním státem, který cizince zařadil do informačního systému smluvních států, a v řízení přihlédne ke skutečnostem, které vedly k tomuto zařazení. Vydání povolení k trvalému pobytu ministerstvo oznámí smluvnímu státu, který cizince do informačního systému smluvních států zařadil.
[...]
§77
(1) Ministerstvo zruší platnost povolení k trvalému pobytu, jestliže

a) zjistí, že se cizinec dopustil obcházení tohoto zákona s cílem získat povolení k trvalému pobytu, zejména pokud účelově uzavřel manželství nebo jeho účelově prohlášeným souhlasem bylo určeno otcovství,
b) cizinci byl trvalý pobyt povolen na základě předložených padělaných anebo pozměněných náležitostí nebo náležitostí, v nichž uvedené údaje podstatné pro posouzení žádosti neodpovídají skutečnosti,
c) cizinec pobýval mimo území států Evropské unie nepřetržitě po dobu delší než 12 měsíců, pokud nebyla odůvodněna závažnými důvody, zejména těhotenstvím a narozením dítěte, závažným onemocněním, studiem nebo odborným školením anebo pracovním vysláním do zahraničí,
d) cizinec pobýval mimo území nepřetržitě po dobu delší než 6 let,
e) je to odůvodněno plněním závazku vyplývajícího z mezinárodní smlouvy,
f) o to cizinec požádá,
g) cizinec, bývalý držitel modré karty, nebo jeho rodinný příslušník, pobýval mimo území členských států Evropské unie nepřetržitě po dobu delší než 24 měsíců, nebo
h) byl cizinec pravomocně odsouzen soudem České republiky za spáchání úmyslného trestného činu k nepodmíněnému trestu odnětí svobody v délce přesahující 3 roky anebo byl cizinec opakovaně pravomocně odsouzen soudem České republiky za spáchání úmyslného trestného činu k nepodmíněnému trestu odnětí svobody.
(2) Ministerstvo platnost povolení k trvalému pobytu dále zruší, jestliže
a) cizinec opakovaně závažným způsobem naruší veřejný pořádek nebo práva a svobody druhých anebo je důvodné nebezpečí, že by mohl ohrozit bezpečnost státu,
b) zanikne do 5 let po vydání povolení k trvalému pobytu důvod, pro který bylo podle § 66 odst. 1 písm. a) bodu 1 nebo § 66 odst. 1 písm. b) povolení k trvalému pobytu vydáno,
c) byla zrušena platnost povolení k trvalému pobytu uděleného tomu, kdo o cizince, držitele tohoto povolení, pečoval,

This act provides in § 17 categories of temporary stay of foreigners: 1. stay without a visa; 2. stay based on short-term visas; 3. stay based on a long-term stay permit or of a temporary residence permit; and 4. stay on the basis of an exit order. Stay without a visa in accordance with § 18 is awarded according to the Council Regulation (EC) no. 539/2001 of 15 March 2001, laying down the list of third countries whose nationals must be in possession of a visa when crossing the external borders, as well as the list of third countries those whose nationals are exempt from that requirement, or by relevant international agreements.

Long-term stay permission is given for at least one year according to § 42, for the purpose of family reunification according to § 42a, for study according to § 42d, because of protection according to § 42e and for the purpose of scientific research according to § 42f. Performance of work is permitted in the Czech Republic by an employee card, according to § 42, which is limited to a specified position, or by the blue card according to § 42i for a job requiring high qualifications (a duly completed university degree or higher professional education lasting at least three years). Long-term stay permission can be extended repeatedly in accordance with § 44a if it is taken for the original purpose, otherwise it is necessary to apply for a new long-term stay permission according to § 45. Permanent residence maybe granted after five years of continuous temporary residence or to spouses, minor children of permanent residents etc. reason for revoking long term residence permit are: illegal activity, long term stay in another country, sentencing in a criminal case, repeated serious violations of public order or the rights and freedoms of others, or reasonable security threat.

5.5 Obtaining Czech Citizenship

Act no. 186/2013 Coll., on Czech citizenship, lays down ways to acquire Czech citizenship: One becomes a Czech national automatically by birth to a Czech national; ascertaining a paternity of or assuming paternity by, and adoption by a Czech national; when found in the Czech Republic; by being granted or proclaimed a Czech national or in relation with institutional care, foster care or any other substitution for family care. One can acquire the nationality if one has had a permanent residency in the Czech Republic for five years (three years in case of an EU national) without interruption or for 10 years with interruptions; if one can prove a sufficient knowledge of the Czech language or has studied for three years at a Czech school; and if one can prove a sufficient knowledge of the Czech constitution and of general cultural and historical realities.

Zákon č. 186/2013 Sb.
Zákon o státním občanství České republiky
§ 3
Státní občanství České republiky se nabývá
a) narozením,
b) určením otcovství,

c) osvojením,
d) nalezením na území České republiky,
e) udělením,
f) prohlášením, nebo
g) v souvislosti se svěřením do ústavní, pěstounské nebo jiné formy náhradní péče (dále jen „náhradní péče").
§13
(1) Státní občanství České republiky lze udělit, pokud je žadatel integrován do společnosti v České republice, zejména pokud jde o integraci z hlediska rodinného, pracovního, nebo sociálního, a splňuje ostatní podmínky stanovené v §14.
(2) Státní občanství České republiky nelze udělit žadateli, který ohrožuje bezpečnost státu, jeho svrchovanost a územní celistvost, demokratické základy, životy, zdraví, nebo majetkové hodnoty.
§14
(1) Státní občanství České republiky lze udělit, pokud má žadatel na území České republiky povolen trvalý pobyt ke dni podání žádosti nepřetržitě
a) po dobu alespoň 5 let,
b) po dobu alespoň 3 let, jde-li o žadatele, který je občanem státu Evropské unie, nebo
c) po dobu, která společně s bezprostředně předcházejícím oprávněným pobytem na území České republiky dosahuje alespoň 10 let.
[...]
(4) Státní občanství České republiky lze udělit žadateli, který prokáže znalost českého jazyka. Tuto podmínku nemusí splnit žadatel, který doloží, že v minulosti absolvoval alespoň po dobu 3 školních let základní, střední, nebo vysokou školu, na kterých byl vyučovacím jazykem český jazyk, žadatel, který je ke dni podání žádosti mladší 15 nebo starší 65 let, nebo žadatel s tělesným nebo mentálním postižením, které mu znemožňuje osvojit si znalost českého jazyka.
(5) Státní občanství České republiky lze udělit žadateli, který prokáže základní znalost ústavního systému České republiky a základní orientaci v kulturně-společenských, zeměpisných a historických reáliích České republiky.

There are several conditions for the acquisition of the citizenship of the Czech Republic. Apart from a history of compliance with the legal order, the applicants has to prove knowledge of the Czech language, a basic knowledge of the constitutional system and a basic orientation in the cultural, social, geographical and historical realities of the Czech Republic. The applicant has further to demonstrate absence of a criminal record and economic self-sufficiency The most important aspects of immigrant integration is the acquisition of citizenship by birth under § 4, where at least one parent is a citizen of the Czech Republic and in accordance with § 5 if a child born in the Czech Republic would otherwise not have citizenship, then by being granted by the Ministry of Interior under the conditions set out in particular in §§ 13–15 (leaving aside the granting of citizenship of the Czech Republic due to a significant benefit for the Czech Republic according to § 16).

CHAPTER 6

Mosques and Prayer Houses

There are several categories of Islamic constructions in the Czech Republic. The first is a mosque. Building a mosque was one of the goals of the Islamic Foundations in Prague and Brno. Eventually, both opened a mosque: in Brno a new building in 1998,[1] in Prague after a reconstruction of an older building in 1999[2]. They are dedicated prayer-houses and multi-purpose centres without a minaret, with everyday services—both the Islamic Foundation and Muslim religious community are headquartered here. The building of mosques was nevertheless connected with administrative difficulties and dissenting petitions.

The second category is that of permanent Muslim centres serving for worship purposes also.[3] These can be found in several places: in Prague, the *Prag Merkez Cami* served as a prayer house for Turkish Muslims (Pivovarnická 3, Prague 8)[4] as did the information office of the Islamic Foundation in Prague (Politických vězňů 14, Prague 1); in Teplice there was the centre led by the Muslim religious community (Kollárova 2807/8), and a private house with a community of Kazakh Muslims serving as the prayer house al-Medina (in the village of Kolová near Karlovy Vary). These centres usually have everyday services.

The third category is prayer houses existing within another pro-Islamic-oriented institutions such as the Alfirdaus school teaching Arabic and the Qur'an (Na Košince 1a, Prague 8 and Masarykova 30, Brno).[5]

The fourth category consists of prayer houses existing within other institutions, usually within university halls of residence (Prague, Pilsen, Liberec, Olomouc) where the activity is coordinated by the Universal Muslim Associ-

1 *Historie brněnské mešity* [*History of the Mosque in Brno*], see http://mesita.cz/galerie/jaktozacalo.html, accessed 30 January 2020.

2 Islámská nadace v Praze, *Cíle a činnosti Islámské nadace v Praze* [Islamic Foundation in Prague, *Goals and Activities of the Islamic Foundation in Prague*], see http://www.praha.muslim.cz/about.html, accessed 29 January 2020.

3 The overview of places of worship is available at Infomuslim, *Adresář modliteben* [*Catalogue of Prayer Centres*], see http://www.infomuslim.cz/modlitebny/, accessed 29 January 2020.

4 In reality, this chapel also serves other groups of Muslims, mainly from the former Soviet Union, and offers a rich programme especially during Ramadan.

5 In reality, the language school Alfirdaus represents another type of a non-official form of Muslim community.

ation of Students and Youth in the Czech Republic, and in spas with a large number of guests from Arab countries (Teplice Spa—Lázeňská 21, Dubí and Darkov Spa—Lázeňská 48/41, Karviná); exceptionally at another institution—the Spa Hotel Thermal (I.P. Pavlova 11, Karlovy Vary) and in the cultural centre Medium (Jana Masaryka 605/30, Hradec Králové). Student prayer houses have limited services and theoretically are accessible to everybody, while the spa prayer houses have everyday services and are accessible only for spa guests. Here, however, the situation varies from year to year. Special cases are the two prayer centres for Shiite Muslims, which are established at the headquarters of industrial companies in Kuřim near to Brno and in the private house of the same owner in Brno—Královo Pole, which is declared as *Muslim Culture Centre* and was opened in 2016.[6]

Establishment of stable prayer houses and other Muslim centres is almost always associated with the resistance of a significant portion of the local population.[7]

The stable functioning of prayer centres in other pro-Islamic institutions is often at the boundary of Czech law regarding building regulations, because the buildings were approved for other purposes.

6 Janků, Tomáš. "Ší'itské kulturní centrum v Brně: Nová podoba boje o mešity v ČR?" ["Shi'ite Cultural Center in Brno: A New Form of Struggle for Mosques in the Czech Republic?"], Sacra, 16 (1), 42–45.

7 Kropáček, "Muslims in Czechia", p. 176; Vojtíšek, Zdeněk, "Český boj o mešity" ["The Czech Struggle for Mosques"], *Dingir*, 1/2006, pp. 19–21.

CHAPTER 7

Burial and Cemeteries

The Islamic way of preparing the dead for burial is permitted in the Czech Republic and it may be allowed under certain practical conditions. Assistance in implementing these practices is offered by the Muslim communities in Prague and Brno.

Burials are governed by Act no. 256/2001 Coll., on funerals (significantly amended in 2017), which acknowledges the existence of burial grounds of a religious character and specifies the method of burial:

Zákon č. 256/2001 Sb.
Zákon o pohřebnictví
§ 3
Neveřejná pohřebiště
(1) Účelová zařízení určená výlučně pro uložení lidských pozůstatků nebo lidských ostatků členů řeholních řádů nebo kongregací a prostory pro uložení lidských pozůstatků nebo lidských ostatků členů uzavřených, zejména příbuzenských, společenství se považují za neveřejná pohřebiště.
(2) Za neveřejná pohřebiště se rovněž považují účelová zařízení určená výlučně pro uložení lidských pozůstatků nebo lidských ostatků příslušníků registrovaných církví a náboženských společností, jejichž vnitřní předpisy a obřady neumožňují ukládání lidských pozůstatků nebo lidských ostatků na veřejném pohřebišti.
(3) Zřizovatelem i provozovatelem neveřejného pohřebiště smí být pouze registrovaná církev a náboženská společnost na pozemku v jejím vlastnictví. Pro provozování neveřejných pohřebišť se § 20 až 23 použijí obdobně; pro zrušení neveřejných pohřebišť se § 24 použije obdobně.
(4) Krajský úřad vydá k záměru zřídit neveřejné pohřebiště stanovisko, ve kterém ověří, zda jsou splněny požadavky podle odstavce 2. Stanovisko krajského úřadu je jedním z podkladů pro vydání rozhodnutí nebo opatření nebo jiného úkonu vyžadovaného stavebním zákonem. Pro výčet dotčených orgánů a povinnosti registrované církve a náboženské společnosti se použije § 17 obdobně.
(5) Provozovatel neveřejného pohřebiště je povinen před zahájením provozu vydat řád neveřejného pohřebiště, který musí být schválen krajským úřadem; obdobný postup musí být dodržen při každé změně řádu neve-

řejného pohřebiště. Krajský úřad předložený návrh schválí, pokud v něm bude upraven zejména způsob pohřbívání lidských pozůstatků a způsob evidence lidských pozůstatků.§ 7
Povinnosti provozovatele pohřební služby
(1) Provozovatel pohřební služby je povinen
a) upravit tělo zemřelého a k ukládání lidských pozůstatků do pohřbení používat rakve a výhradně chladicí, popřípadě mrazicí, zařízení, jejichž kapacita musí odpovídat průměrné třídenní potřebě, minimálně však se 3 místy, [...]
§ 22
Ukládání lidských pozůstatků a jejich exhumace
[...]
(3) Nezpopelněné lidské ostatky musí být uloženy v hrobě po tlecí dobu, která se zřetelem ke složení půdy musí trvat minimálně 10 let. Konkrétní délku tlecí doby pro veřejné pohřebiště stanoví jeho provozovatel v řádu veřejného pohřebiště na základě výsledků hydrogeologického průzkumu, vyžádaného stanoviska krajské hygienické stanice a místních zvyklostí.
§ 27
Přestupky právnických a podnikajících fyzických osob
(2) Právnická nebo podnikající fyzická osoba provozující pohřební službu se dopustí přestupku tím, že [...]
b) nesplní povinnost upravit tělo zemřelého nebo použít k ukládání lidských pozůstatků do pohřbení rakve a zařízení podle § 7 odst. 1 písm. a), [...]

The law acknowledges religious grounds for establishing special cemeteries with particular burial methods. Religious cemeteries are categorised as non-public ad they have to be in ownership of the respective CRC. Its establishment is subject to approval of the Regional administration and its operation is supervised by health authorities and is subject to conditions specified in the law. Among them are provisions concerning coffins. The text of the act clearly indicates that all who have died and are buried in the ground have to be buried in a coffin, which is contrary to Islamic customs. In the law itself, the only exception is for private burial-places—in contrast with public ones—is the possibility of burying the coffin at a distance less than 0.3 m away horizontally. However, such minor modifications (including burial i a coffin-free ground) at non-public burial sites have to be approved by the Regional Hygiene Station, as opposed to the standard solution, provided the law requires that the body or human remains must be transported to the grave in a coffin.

In the Czech Republic, there are no private Muslim burial-places. Areas designated for Muslims have been established in public cemeteries: in Prague's central cemetery in Olšany and at the cemetery in Třebíč. These cases represent a reasonable compromise: Muslim organisations coordinate the rental of burial sites and the cemetery administration is cooperative.[1] There are also several Muslim graves of victims from the First World War in the military cemetery, but burials no longer take place here.

1 Mendel, Ostřanský & Rataj, *Islám v srdci Evropy* [*Islam in the Heart of Europe*], p. 424.

CHAPTER 8

Education and Schools

The education of children is regulated primarily by Act no. 561/2004 Coll., on preschool, primary, secondary, higher professional and other education (Education Act).

Zákon č. 561/2004 Sb.
Zákon o předškolním, základním, středním, vyšším odborném a jiném vzdělávání (školský zákon)
Zásady a cíle vzdělávání
(1) Vzdělávání je založeno na zásadách
a) rovného přístupu každého státního občana České republiky nebo jiného členského státu Evropské unie ke vzdělávání bez jakékoli diskriminace z důvodu rasy, barvy pleti, pohlaví, jazyka, víry a náboženství, národnosti, etnického nebo sociálního původu, majetku, rodu a zdravotního stavu nebo jiného postavení občana,
[...]
§ 36
Plnění povinnosti školní docházky
(1) Školní docházka je povinná po dobu devíti školních roků, nejvýše však do konce školního roku, v němž žák dosáhne sedmnáctého roku věku (dále jen „povinná školní docházka").
(2) Povinná školní docházka se vztahuje na státní občany České republiky a na občany jiného členského státu Evropské unie, kteří na území České republiky pobývají déle než 90 dnů. Dále se povinná školní docházka vztahuje na jiné cizince, kteří jsou oprávněni pobývat na území České republiky trvale nebo přechodně po dobu delší než 90 dnů, a na účastníky řízení o udělení mezinárodní ochrany.

The Education Act defines compulsory education as a right of Czech and EU member state citizens, free from discrimination on racial, religious, national and other grounds.

Compulsory school attendance is set at nine years principally, from six years of age up to 18 year of age at the most. Compulsory school attendance applies to citizens of the Czech Republic, EU Member States and for foreigners who are authorised to stay in the Czech Republic permanently or temporarily for more than 90 days, and to asylum seekers.

Under strict conditions, compulsory pre-school education and compulsory education can be implemented in the form of individual tuition, usually in the form of family lessons (§§ 34b and 41).

Czech primary and secondary schools can be divided into three categories: public schools established by municipalities and regional authorities (the majority of such schools), and exceptionally by the State; schools established by CRCs with a special right to the establishment of church schools; and private schools established by physical persons or private legal persons. The above-mentioned Education Act does not cover functioning private or religious schools but distinguishes between various legal subjects which establish schools. It recognises schools established by churches with special rights in § 8. There is a large difference in financing from public sources: a full financing of public schools, partial financing of church schools and no financing of private schools (§ 160).

There are no schools established by CMC because of the lack of entitlement to exercise special rights.

Zákon č. 561/2004 Sb.
Zákon o předškolním, základním, středním, vyšším odborném a jiném vzdělávání (školský zákon)
Vyučování náboženství
§ 15
(1) Ve školách lze v souladu se zásadami a cíli vzdělávání podle § 2 vyučovat náboženství. Náboženství mohou vyučovat registrované církve nebo náboženské společnosti, kterým bylo přiznáno zvláštní právo vyučovat náboženství ve státních školách, a to i společně na základě jejich písemné dohody.
(2) V základních a středních školách zřizovaných státem, krajem, obcí nebo svazkem obcí se vyučuje náboženství jako nepovinný předmět, pokud se k předmětu náboženství uskutečňovanému danou církví nebo náboženskou společností přihlásí ve školním roce alespoň 7 žáků školy. K vyučování náboženství lze spojovat žáky z několika ročníků jedné školy nebo více škol, nejvýše však do počtu 30 žáků ve třídě. Spojovat žáky z více škol k vyučování náboženství lze na základě smlouvy mezi příslušnými školami, která upraví rovněž úhradu nákladů spojených s tímto vyučováním.

(3) Vyučovat náboženství může v základním pracovněprávním vztahu k právnické osobě, která vykonává činnost dané školy, pověřený zástupce církve nebo náboženské společnosti, který splňuje předpoklady pro výkon

činnosti pedagogického pracovníka podle zvláštního právního předpisu. Pověření vydává statutární orgán církve nebo náboženské společnosti, v případě římskokatolické církve statutární orgán příslušného biskupství.

CRCs having the authorisation to exercise special rights may teach religion in public schools, and this—according to the school curriculum—is either as an optional subject or as an optional hobby group opened for at least 7 pupils. Teaching can be denominational, or, by the agreement of several CRCs, interdenominational. The teacher of religious education is mandated by the relevant church.

In church schools, religious instruction is either mandatory or alternative to ethical education by the decision of the founder. In private schools it is entirely a matter for the founder of whether and how to introduce religious education.

CMC is not entitled to exercise special rights to teach religion in public schools, thus the teaching of the Muslim religion falls into the area of family education (see below 16.3).

CHAPTER 9

Further and Higher (Tertiary) Education

Higher education can be implemented in higher professional schools, regulated by Act no. 561/2004 Coll., the education act, or in universities, regulated by Act no. 111/1998 Coll., the higher education act, referred to below. There is no training for teachers of Islamic religious education, no Islamic religious education training at universities and no imam training in public tertiary education in the Czech Republic. Actual imams either come from abroad or are Czechs citizens who get their education abroad, mainly at the Islamic University in Medina (Saudi Arabia) or at Al-Azhar University in Cairo (Egypt).

The Law on universities regulates the establishment of private universities.

Zákon č. 111/1998 Sb.
Zákon o vysokých školách a o změně a doplnění dalších zákonů (zákon o vysokých školách)
ČÁST TŘETÍ
SOUKROMÁ VYSOKÁ ŠKOLA
Státní souhlas
§ 39
(1) Právnická osoba, která má sídlo, svou ústřední správu nebo hlavní místo své podnikatelské činnosti na území některého členského státu Evropské unie, nebo která byla zřízena nebo založena podle práva některého členského státu Evropské unie, je oprávněna působit jako soukromá vysoká škola, pokud jí ministerstvo udělilo státní souhlas.
(2) Oprávnění působit jako soukromá vysoká škola je nepřevoditelné a nepřechází na právní nástupce, s výjimkou případů uvedených v § 39a odst. 5 a 6.
(3) Na žádost zřizovatelů nebo zakladatelů může ministerstvo vydat státní souhlas i před zápisem právnické osoby, která má působit jako soukromá vysoká škola, do obchodního nebo jiného rejstříku, jde-li o právnickou osobu zapisovanou do rejstříku, jestliže je prokázáno, že tato právnická osoba byla zřízena nebo založena.
§ 39a
(1) Ministerstvo státní souhlas neudělí, jestliže
a) Akreditační úřad nevydal souhlasné stanovisko k udělení státního souhlasu,

b) zjistí, že údaje o personálním, finančním, materiálním a dalším zabezpečení činnosti vysoké školy, posuzované i s přihlédnutím k návrhům studijních programů, nesvědčí o dostatečném splnění podmínek pro řádné uskutečňování vzdělávací a tvůrčí činnosti a dalších úkolů vysoké školy,
c) návrh vnitřních předpisů je v rozporu s tímto zákonem nebo s jinými právními předpisy, nebo
d) právnická osoba žádající o udělení státního souhlasu byla pravomocně odsouzena za trestný čin, pro který neskýtá záruku řádného působení jako vysoká škola, pokud se na ni podle zákona nehledí, jako by za takový trestný čin odsouzena nebyla; pro účely posouzení, zda je dán tento důvod neudělení státního souhlasu, si ministerstvo vyžádá výpis z evidence
[...]
§40
Financování soukromé vysoké školy
(1) Právnická osoba, která získala oprávnění působit jako soukromá vysoká škola, je povinna zajistit finanční prostředky pro vzdělávací a tvůrčí činnost.
(2) Ministerstvo může poskytnout soukromé vysoké škole, která je veřejně prospěšnou právnickou osobou se statusem veřejné prospěšnosti zapsaným ve veřejném rejstříku podle zvláštního právního předpisu, dotaci na uskutečňování akreditovaných studijních programů a programů celoživotního vzdělávání a s nimi spojenou tvůrčí činnost.

The law sets none too easy conditions for the establishment of private universities. The founder must be a legal person based in the EU, must receive state approval and get the university accredited. High professional demands are set and monitored through state approval on the basis of the outcome of the accreditation procedure. Private universities may receive some state support but are not entitled to it.

No CRC in the Czech Republic has established a private university; there was only the International Baptist Theological Seminary of the European Baptist Federation which was relocated from abroad in Prague in 2002, but it moved to Amsterdam in the summer of 2016.[1]

1 Horák, Záboj, *Církve a české školství* [*Churches and Czech Education*] (Praha: Grada, 2011), p. 221; Ministerstvo školství, mládeže a tělovýchovy, *Přehled vysokých škol v ČR* [Ministry of Education, Youth and Sports, *A View of Universities in the Czech Republic*], see http://www.msmt.cz/vzdelavani/vysoke-skolstvi/prehled-vysokych-skol-v-cr-3, accessed 13 August 2016; IBTS Centre Amsterdam, *About*, see http://www.ibts.eu/about/, accessed 13 August 2016.

CHAPTER 10

Islamic Chaplaincy in Public Institutions

Chaplaincy in the armed forces and the prison system in the Czech Republic is part of the special rights of the CRCs (§ 7, section 1, letter b) of Act no. 3/2002 Coll., on CRCs).

> Zákon č. 3/2002 Sb.
> § 7
> Zvláštní práva registrovaných církví a náboženských společností
> (1) Registrovaná církev a náboženská společnost může za podmínek stanovených tímto zákonem k plnění svého poslání získat oprávnění k výkonu těchto zvláštních práv:
> [...]
> b) pověřit osoby vykonávající duchovenskou činnost k výkonu duchovenské služby v ozbrojených silách České republiky, v místech, kde se vykonává vazba, trest odnětí svobody, zabezpečovací detence, ochranné léčení a ochranná výchova,

The law defines chaplaincy as a special right such as spiritual services in the armed forces of the Czech Republic, in places where custody, imprisonment, detention, protective treatment and protective education are carried out. Hence, health chaplaincy is not a part of the above special rights, for it is in principle available to all registered CRCs. In fact, only clergy of Christian churches are health chaplains in the Czech Republic (in close relation to the religiosity of the population).

There are no Muslim chaplains in public institutions. On the other hand, there is a constitutionally guaranteed right to free exercise of religion. There is no need to apply it in the army (professionalized since 2005), because there are, as far as known, no soldiers of Muslim faith. Based on the goodwill of prison management a Muslim prayer room exists in the remand prison of Prague-Ruzyně (alongside the Christian chapel) and a Muslim cleric visits there regularly.[1]

1 Vězeňská služba České republiky, *Vazební věznice Praha-Ruzyně, Výkon vězeňství* [Prison Service of the Czech Republic, *Remand Prison Praha-Ruzyně, Execution of Prison Service*], see https://www.vscr.cz/vazebni-veznice-praha-ruzyne/o-nas/vykon-vezenstvi/, accessed 29 January 2020.

CHAPTER 11

Employment and Social Law

Labour relations are governed by Act no. 262/2006 Coll., the Labour Code. The Labour Code generally guarantees equal treatment for all and prohibits discrimination in working conditions, remuneration for work and the provision of other monetary and monetary benefits, training and the opportunity to achieve functional or other promotion in employment.

Zákon č. 262/2006 Sb.
Zákoník práce
§16
(1) Zaměstnavatelé jsou povinni zajišťovat rovné zacházení se všemi zaměstnanci, pokud jde o jejich pracovní podmínky, odměňování za práci a o poskytování jiných peněžitých plnění a plnění peněžité hodnoty, o odbornou přípravu a o příležitost dosáhnout funkčního nebo jiného postupu v zaměstnání.
(2) V pracovněprávních vztazích je zakázána jakákoliv diskriminace. Pojmy přímá diskriminace, nepřímá diskriminace, obtěžování, sexuální obtěžování, pronásledování, pokyn k diskriminaci a navádění k diskriminaci a případy, kdy je rozdílné zacházení přípustné, upravuje antidiskriminační zákon.
(3) Pojmy přímá diskriminace, nepřímá diskriminace, obtěžování, sexuální obtěžování, pronásledování, pokyn k diskriminaci a navádění k diskriminaci a případy, kdy je rozdílné zacházení přípustné, upravuje antidiskriminační zákon.
(4) Za diskriminaci se nepovažuje rozdílné zacházení, pokud z povahy pracovních činností vyplývá, že toto rozdílné zacházení je podstatným požadavkem nezbytným pro výkon práce; účel sledovaný takovou výjimkou musí být oprávněný a požadavek přiměřený. Za diskriminaci se rovněž nepovažují opatření, jejichž účelem je odůvodněno předcházení nebo vyrovnání nevýhod, které vyplývají z příslušnosti fyzické osoby ke skupině vymezené některým z důvodů uvedených v antidiskriminačním zákonu.
§17
Právní prostředky ochrany před diskriminací v pracovněprávních vztazích upravuje antidiskriminační zákon.

Act no. č. 198/2009 Coll., the anti-discrimination act, permits different treatment in labour relations because of religious reasons in § 6 section 4:

> Zákon č. 198/2009 Sb.
> Zákon o rovném zacházení a o právních prostředcích ochrany před diskriminací a o změně některých zákonů (antidiskriminační zákon)
> § 6
> Přípustné formy rozdílného zacházení
> (4) Diskriminací není rozdílné zacházení uplatňované ve věcech práva na zaměstnání, přístupu k zaměstnání nebo povolání, v případě závislé práce vykonávané v církvích nebo náboženských společnostech, jestliže z důvodu povahy těchto činností nebo souvislosti, v níž jsou vykonávány, představuje náboženské vyznání, víra či světový názor osoby podstatný, oprávněný a odůvodněný požadavek zaměstnání se zřetelem k etice dané církve či náboženské společnosti.

The antidiscrimination act does not hold discriminatory unequal treatment in work performed in CRCs if, by reason of the nature of these activities or the context in which they are performed, religion, belief or worldview are grounds for special treatment in accordance with the principles of the CRC. Hence the appointing of clergy is one of the areas exempted from general antidiscrimination rules. Employment in a CRC is controlled exclusively by the internal law of the CRC pursuant to art. 16 sec. 2 of the Charter of Fundamental Rights and Freedoms (see above 1.1). State authorities have no competency in these cases according to settled case-law of the Constitutional Court; they can adjudicate upon associated issues, i.e. civil consequences associated with legitimate and illegitimate removal from office, e.g. the compensation of salary, etc.[1]

The Labour Code § 92 section 2 gives preference, according to Christian tradition, to Sunday in the determination of a weekly rest from work, but it does not preclude a different agreement between the employee and the employer, if permitted by operating conditions:

> Zákon č. 262/2006 Sb.
> Zákoník práce

1 Němec, Damián, "Repubblica Ceca: Giurisprudenza della Corte Costituzionale sulla tutela dell'autonomia dell'amministrazione delle Chiese", in *La funzione amministrativa nell'ordinamento canonico. Administrative Function in Canon Law. Administracja w prawie kanonicznym*, Józef Wroceński & Marek Stokłosa (eds.) (Warszawa: Uniwersytet Kardynała Stefana Wyszyńskiego, 2012), pp. 597–607.

Nepřetržitý odpočinek v týdnu
§ 92
(1) Zaměstnavatel je povinen rozvrhnout pracovní dobu tak, aby zaměstnanec měl nepřetržitý odpočinek v týdnu v trvání alespoň 35 hodin. Nepřetržitý odpočinek v týdnu nesmí činit u mladistvého zaměstnance méně než 48 hodin.
(2) Jestliže to umožňuje provoz zaměstnavatele, stanoví se nepřetržitý odpočinek v týdnu všem zaměstnancům na stejný den a tak, aby do něho spadala neděle.
[...]

Rest from work during public holidays is determined by Act no. 245/2000 Coll., on national holidays, other holidays, on important days and on days of rest, in §§ 1–3, again according to Christian tradition:

Zákon č. 245/2000 Sb.
Zákon o státních svátcích, o ostatních svátcích, o významných dnech a o dnech pracovního klidu
§ 1
Státní svátky
Dny 1. leden - Den obnovy samostatného českého státu, 8. květen - Den vítězství, 5. červenec - Den slovanských věrozvěstů Cyrila a Metoděje, 6. červenec - Den upálení mistra Jana Husa, 28. září - Den české státnosti, 28. říjen - Den vzniku samostatného československého státu a 17. listopad - Den boje za svobodu a demokracii se prohlašují za státní svátky České republiky (dále jen „státní svátek").
§ 2
Ostatní svátky
Ostatními svátky jsou 1. leden - Nový rok, Velký pátek, Velikonoční pondělí, 1. květen - Svátek práce, 24. prosinec - Štědrý den, 25. prosinec - 1. svátek vánoční a 26. prosinec - 2. svátek vánoční (dále jen „ostatní svátek").
§ 3
Dny pracovního klidu
Státní svátky a ostatní svátky jsou dny pracovního klidu, kromě dnů nepřetržitého odpočinku zaměstnance v týdnu.

Although according to § 92 of the Labour Code (quoted above), an employer may rarely require employees to work on days of rest, in practice it actually means there are very few restrictions, especially in the operation of a business. After tough negotiations and heated debates Act no. 223/2016 Coll., on business hours in retail and wholesale trade, was adopted, which, with effect from 1 October 2016, regulates working time in retail premises with a surface of 200 m² and more, with a view to strengthening family life.[2] The set holidays are state bank holiday and those associated with the Christian tradition (Christmas, Easter), with no mention of (other) religious rest days.

Zákon č. 223/2016 Sb.
Zákon o prodejní době v maloobchodě a velkoobchodě
§1
Prodejní doba v maloobchodě
(1) V maloobchodě je zakázán prodej o těchto státních svátcích a ostatních svátcích
a) 1. leden - Den obnovy samostatného českého státu a Nový rok,
b) Velikonoční pondělí,
c) 8. květen - Den vítězství,
d) 28. září - Den české státnosti,
e) 28. říjen - Den vzniku samostatného československého státu,
f) 25. prosinec - 1. svátek vánoční a
g) 26. prosinec - 2. svátek vánoční.
(2) V maloobchodě je zakázán prodej v den 24. prosince - Štědrý den od 12.00 do 24.00 hodin.
(3) Omezení prodejní doby uvedené v odstavcích 1 a 2 se nepoužije na provozování
a) prodejen, jejichž prodejní plocha nepřesahuje 200 m²,
b) čerpacích stanic s palivy a mazivy,
c) lékáren,
d) prodejen v místech zvýšené koncentrace cestujících na letištích, železničních stanicích a autobusových nádražích,
e) prodejen ve zdravotnických zařízeních,
f) maloobchodu v době, kdy je vyhlášen stav nebezpečí, nouzový stav, stav ohrožení státu nebo válečný stav.

2 Němec, Damián, "Staatlich angeordnete Feiertagsruhe in der Tschechischen Republik? Legislativer Antrag vom Senat des Parlamentes der Tschechischen Republik im Lichte der Soziallehre der katholischen Kirche", in *Acta Universitatis Palackianae Olomucensis, Theologica Olomucensia*, vol. 15, 2016, 57–80.

CHAPTER 12

Islamic Slaughter and Food Regulation

12.1 Islamic Slaughter

Questions regarding slaughtering animals are included in Act no. 246/1992 Coll., on the protection of animals against cruelty, which in the current version includes provisions in several directives and regulations adopted by bodies of the European Union. The original law on the protection of animals set a fixed principle of stunning animals before slaughter. The original wording of the law did not allow an exception for ritual slaughter. Exceptions for CRCs were only introduced by amendment no. 359/2012 Coll., with effect from 1 January 2013, which provides rules for animal slaughtering by the CRCs.

> Zákon č. 359/2012 Sb.
> Zákon, kterým se mění zákon č. 246/1992 Sb., na ochranu zvířat proti týrání,
> § 5f
> Poražení zvířat pro potřeby církví a náboženských společností, jejichž náboženské obřady stanoví zvláštní metody porážky zvířat
> (1) Použít k porážce zvířat zvláštní metody stanovené náboženskými obřady za podmínek stanovených přímo použitelným předpisem Evropské unie upravujícím ochranu zvířat při usmrcování může pouze církev a náboženská společnost, a to na základě rozhodnutí ministerstva o udělení povolení k porážce zvířat pro potřeby církví a náboženských společností, jejichž náboženské obřady stanoví zvláštní metody porážky zvířat, a veterinárních podmínek stanovených krajskou veterinární správou.
> (2) Provádět porážku zvířat lze pouze pro potřeby církví a náboženských společností, jejichž náboženské obřady stanoví zvláštní metody porážky zvířat a jen na jatkách. Církev a náboženská společnost je povinna požádat krajskou veterinární správu o stanovení veterinárních podmínek pro provádění porážky pro jednotlivá jatka; porážku musí církev a náboženská společnost provádět v souladu s těmito podmínkami.
> (3) Žádost o udělení povolení k porážce zvířat pro potřeby církví a náboženských společností, jejichž náboženské obřady stanoví zvláštní metody porážky zvířat, se podává na předepsaném formuláři, jehož vzor stanoví ministerstvo prováděcím právním předpisem. Žádost obsahuje kromě obecných náležitostí stanovených správním řádem také

a) osobní údaje a adresu místa trvalého pobytu, popřípadě též adresu pro doručování, není-li shodná s adresou místa trvalého pobytu, osoby, která splňuje podmínky podle § 5a,
b) údaje identifikující jatky, na kterých má být porážka prováděna,
c) druh zvířat, která mají být na jatkách poráženа,
d) maximální počet zvířat, která hodlá žadatel na jednotlivých jatkách porazit za den a za kalendářní rok a odůvodnění požadovaného počtu,
e) způsob porážky zvířat.
(4) Kromě náležitostí uvedených v odstavci 3 jsou součástí žádosti o udělení povolení k porážce zvířat pro potřeby církví a náboženských společností, jejichž náboženské obřady stanoví zvláštní metody porážky zvířat,
a) písemný souhlas provozovatele podniku s prováděním porážky zvířat pro potřeby církví a náboženských společností, jejichž náboženské obřady stanoví zvláštní metody porážky zvířat, na uvedených jatkách, s uvedením maximální denní a roční kapacity jatek pro daný druh a kategorii zvířat,
b) popis náboženského obřadu nebo předpis církve a náboženské společnosti, který stanoví zvláštní metody porážky zvířat, a to v českém jazyce,
c) podrobný popis způsobu provedení porážky zvířete a písemné potvrzení církve a náboženské společnosti o způsobilosti osoby uvedené v odstavci 3 písm. a) k provedení požadovaného způsobu porážky tak, aby bylo minimalizováno utrpení poráženého zvířete.
(5) Rozhodnutí o udělení povolení k porážce zvířat pro potřeby církví a náboženských společností, jejichž náboženské obřady stanoví zvláštní metody porážky zvířat, musí obsahovat náležitosti uvedené v odstavci 3 a dobu platnosti. Toto rozhodnutí vydává ministerstvo nejdéle na dobu 1 roku.
(6) Ministerstvo zašle rozhodnutí o udělení povolení k porážce zvířat pro potřeby církví a náboženských společností, jejichž náboženské obřady stanoví zvláštní metody porážky zvířat, na vědomí krajské veterinární správě, Ústřední veterinární správě a provozovateli podniku, ve kterém se má porážka uskutečnit.
(7) Vzor žádosti o udělení povolení k porážce zvířat pro potřeby církví a náboženských společností, jejichž náboženské obřady stanoví zvláštní metody porážky zvířat, stanoví ministerstvo prováděcím právním předpisem.

The 2012 law allows only the CRCs to use special methods for slaughtering, when given the permission by the Ministry, subject to conditions set by regional veterinary administration and only in official slaughterhouses. The CRC needs to get permission from the Ministry of Agriculture, the Veterinary administration and the slaughterhouse first.

Details are defined by the Act of the Ministry of Agriculture no. 418/2012 Coll., on the protection of animals at slaughter, whose annex no. 3 includes the application form for CRCs. CMC repeatedly obtains this exemption so that halal slaughter is carried out in CZ.

It is important that halal slaughter—according to the wording of the law—may be implemented only in a slaughterhouse which has a certificate from the CRC and the meat must be determined solely for the CRC, not for free sale.

12.2 Islamic Food Regulations

The Czech Republic has no regulation on the production, labelling and distribution of halal food. Most of these products are imported from abroad (mainly from Germany) and are sold either in stores of oriental goods or in specialised halal stores. Lists of traders in such goods are to be found on the website of Islamic organisations.[1]

Likewise, there are no mandatory or recommendatory provisions regarding the diet of Islamic prisoners in prisons and Islamic patients in hospitals; there is therefore clearly a conflict between the constitutional principles on the freedom of exercising one's religion and the ordinary laws and legislative rules for the prison and health care systems. Based on the numbers of people of the Islamic religion, the prisons in Brno[2] and Prague-Ruzyně[3] voluntarily provide halal meals; in other jails it is possible to choose a vegetarian diet. Likewise, the provision of halal food and respect given to Ramadan is standard practice in the facilities for refugees.[4]

---

1 E.g. Infomuslim, *Kde nakoupit* [*Where to Buy*], see http://www.infomuslim.cz/kde-nakoupit/, accessed 30 January 2020.

2 Vězeňská služba České republiky, *Vazební věznice Brno, Stravování obviněných a odsouzených*[Prison Service of the Czech Republic, *Remand Prison Brno, Alimentation of Accused and Convicted Persons*], see https://www.vscr.cz/vazebni-veznice-a-uvzd-brno/o-nas/vykon-vezenstvi/stravovani-obvinenych-a-odsouzenych/, accessed 30 January 2020.

3 Vězeňská služba České republiky, *Vazební věznice Praha-Ruzyně, Výkon vězeňství* [Prison Service of the Czech Republic, *Remand Prison Praha-Ruzyně, Execution of Prison Service*], see https://www.vscr.cz/vazebni-veznice-praha-ruzyne/o-nas/vykon-vezenstvi/, accessed 29 January 2020.

4 Správa uprchlických zařízení, *Ramadán v zařízeních SUZ* [The Refugee Facilities Administration, *Ramadan in Facilities of the Refugee Facilities Administration*], see http://www.suz.cz/uvod/aktuality/2016/06/ramadan/, accessed 28 July 2016. In January 2020, it was not possible to find such information on the webside.

In health care facilities, religious diet of patients is not dealt with by the documents of professional associations (Czech Medical Chamber, Czech Dental Chamber, Czech Pharmaceutical Chamber, Czech Association of Nurses). In the health sector (with emphasis on treatment) the probability of encountering non-standard eating according to the habits of Muslim patients is still lower than in prisons, although Islamic law itself provides certain exceptions for sick persons; however, the emphasis on a holistic approach to patients sometimes leads—depending on the willingness of medical institutions and personnel—to the effort of satisfying specific demands regarding food.[5]

5 This problematic matter was the object of several theses at Czech universities; it is widely treated, e.g. in Hájek, Marcel & Charif Bahbouh, *Muslimský pacient* [*The Muslim Patient*] (Praha: Grada, 2016), pp. 62–72.

CHAPTER 13

Islamic Goods and Services

There are no special institutions providing Islamic goods and services in in the Czech Republic, including the banking system.[1]

Among public activities of the Muslim organisations, publishing activities are the most extensive. Issuance of non-periodical publications, especially of books, is regulated by Act no. 37/1995 Coll., on non-periodical publications. It imposes certain obligations on publishers in the Czech Republic.

Zákon č. 37/1995 Sb.
Zákon o neperiodických publikacích
§ 2
(1) Neperiodická publikace musí obsahovat tyto údaje:
a) název díla,
b) jména autorů, jejichž díla jsou v publikaci obsažena, jsou-li známa a autoři jejich uvedení výslovně nezakázali, popřípadě pseudonymy autorů,
c) obchodní jméno a sídlo nebo jméno, příjmení a trvalý pobyt osoby, která neperiodickou publikaci vydala (dále jen „vydavatel"),
d) rok prvního vydání, je-li znám,
e) u děl přeložených původní název díla a označení vydání, z něhož byl pořízen překlad,
f) označení nositele autorských práv,
g) číslo Mezinárodního standardního číslování knih, pokud bylo uděleno,
h) obchodní jméno a sídlo nebo jméno, příjmení a trvalý pobyt osoby, která neperiodickou publikaci vyrobila, a rok, ve kterém byla tato publikace vydána.
(2) Vydavatel je povinen zajistit, aby neperiodická publikace obsahovala údaje podle odstavce 1.
(3) Neperiodická publikace, která neobsahuje údaje podle odstavce 1, nesmí být veřejně šířena.
[…]

1 Vojtěch, Jakub, "Islamic Banking: Regulatory Background from the Czech Perspective", *International and Comparative Law Review—Mezinárodní a srovnávací právní revue*, Vol. 15, No. 2/2015, 128–134.

§ 4
Vydavatel je povinen od každé neperiodické publikace, kterou vydává, písemně nabídnout ke koupi jeden výtisk knihovnám určeným vyhláškou Ministerstva kultury, a to do 30 dnů ode dne jejich vydání. Lhůta pro přijetí návrhu na uzavření kupní smlouvy činí jeden měsíc od doručení nabídky. Nebude-li nabídka přijata v této lhůtě, právo na uzavření kupní smlouvy zaniká.

Publication formalities for public distribution include rules for information included in the publication (titles, ISBN) and obligatory copies offered without charge to some state libraries.

Some books issued by Muslims are distributed only in mosques and prayer centres, but many can also be ordered on the internet at http://www.islamskeknihy.cz/.

Other rules regulate the publishing of journals with the fundamental conditions being stipulated by Act. no. 46/2000 Coll., the Press Act.

Zákon č. 46/2000 Sb.
Zákon o právech a povinnostech při vydávání periodického tisku a o změně některých dalších zákonů (tiskový zákon)
[...]
§ 7
Evidence periodického tisku
(1) Evidenci periodického tisku vede Ministerstvo kultury (dále jen „ministerstvo").
(2) Právnická nebo fyzická osoba, která hodlá vydávat periodický tisk, je povinna doručit ministerstvu nejpozději 30 dnů před zahájením vydávání periodického tisku písemné oznámení, které musí obsahovat:
a) název periodického tisku,
b) jeho obsahové zaměření,
c) četnost (periodicitu) jeho vydávání,
d) údaje o jeho regionálních mutacích,
e) název, adresu sídla a identifikační číslo osoby (dále jen „identifikační číslo") vydavatele

The press law imposes obligations also in terms of compulsory information of the Ministry of Culture and obligatory copies. These regulations are less significant even than the publication law, as there are no periodicals produced any more. The CMRC had revived in 1991 its publication of the revue *Hlas* (Voice) annually based on 3–4 editions, but its publication was officially suspended in 2012 and it stopped in 2016.[2] Since 2012 it was substituted by the journal *Al-Islam*, published by the Islamic Foundation in Bratislava (Slovak Republic), half in Czech and half in Slovak; however, even this magazine has for financial reasons switched to publishing online in electronic form, but it is poorly available on the internet.[3]

2 Ministerstvo kultury, *Databáze periodického tisku pro veřejnost, Detail periodika Hlas* [Ministry of Culture, *Database of periodical press for public, Detail of periodical Hlas*], see https://www.mkcr.cz/databaze-periodickeho-tisku-pro-verejnost-978.html?do[loadP]=1&item.id=4224, accessed 30 January 2020.

3 Kropáček, "Muslims in Czechia", pp. 177–178; Ministerstvo kultúry Slovenskej republiky, *Zoznam periodickej tlače, Detail: Al-Islám* [Ministry of Culture of the Slovak Republic, *Registry of periodical publications, Detail: Al-Islám*], see http://www.culture.gov.sk/pertlac/modul/tlac/detail?id=5768, accessed 30 January 2020.

CHAPTER 14

Islamic Dress

No Czech legal act prohibits the wearing of religious symbols and clothing, with two exceptions. The first one concerns official identity documents. The Ordinance of the Ministry of Interior no. 400/2011 Coll., implementing the act on identity cards and on the travel documents, provides details on ID photos.

> Vyhláška č. 400/2011 Sb.
> Vyhláška, kterou se provádí zákon o občanských průkazech a zákon o cestovních dokladech
> § 7
> Požadavky na technické provedení fotografie pro vydání občanského průkazu
> [...]
> (2) Fotografie zobrazuje hlavu a horní část ramen zobrazované osoby, a to v předním čelném pohledu tak, aby středová vertikální rovina obličeje byla prodloužením vertikální roviny objektivu snímací soustavy a horizontální rovina obličeje tvořená očima byla prodloužením horizontální roviny objektivu snímací soustavy. Umístění objektivu snímací soustavy vůči osobě je uvedeno v příloze č. 9 k této vyhlášce, obrázek č. 2. Pohled zobrazované osoby směřuje do objektivu.
> (3) Fotografie musí odpovídat podobě zobrazované osoby v době podání žádosti. Pohled přes rameno, pootočená nebo nakloněná hlava nejsou přípustné. Zobrazovaná osoba musí mít neutrální výraz a zavřená ústa, oči musí být otevřené a nesmí být překryté vlasy. Brýle osoby na fotografii nesmí zakrývat oči a vytvářet odlesky. Pokrývka hlavy z náboženských nebo zdravotních důvodů nesmí na obličeji vytvářet stíny.
> [...]

The law permits wearing the hijab on official documents. The ordinance mentions a head cover. It only stipulates that the headscarf may not create shades in the face. While the example of a woman in a hijab shows this to be explicitly permitted on the official photograph, the niqab is inadmissible.

The second exception is a ban on face veiling in public meetings, provided for in Act no. 84/1990 Coll., on freedom of assembly:

Zákon č. 84/1990 Sb.
Zákon o právu shromažďovacím
§ 7
Povinnosti účastníků shromáždění
[…]
(4) Účastníci shromáždění nesmějí mít obličej zakrytý způsobem ztěžujícím nebo znemožňujícím jejich identifikaci.

The amendment (no. 252/2016 Coll.) to the act on freedom of assembly came into force on November 1, 2016. The government draft envisaged the possibility to allow participants of a public meeting to cover their faces in some cases; according to the explanatory report to the amendment it should apply in cases where such behaviour is explicitly allowed by police officers or by representative officials, and if the veiling of the face serves to fulfil the purpose of the meeting and does not endanger public order, e.g. using masks parodied politicians, while maintaining the obligation to remove the veiling at any time during the meeting on the request of a representative officer or police. This option was rejected by the Chamber of Deputies in the first reading; therefore, in this case the proposed mitigation was not approved.[1]

The issue of mandated or prohibited clothing is thus regulated by by-laws, namely employer rules regarding dress-code, regulations for safety and hygiene at work and school regulations.

In 2013 there was a heated debate caused by the situation of two students of a nurse training school who received a ban on wearing the hijab in the school, which made them to leave the school. The ombudsman stood up for them, but the general opinion of the public was against wearing the hijab in schools. The director of another nursing school in 2014 asked the largest teaching hospital in Prague-Motol whether they can receive students who will practice in the hijab; the answer was in negative because of the regulation of uniform clothing complying with safety and hygiene requirements (in the ensuing discussion it was noted that, e.g., Catholic religious personnel obey these regulations despite usually wearing a head covering).[2]

One of the two students at the nurse training school filed a lawsuit against the school for discrimination. In January 2017, the District Court for Prague 10

1 Poslanecká sněmovna Parlamentu České republiky, *Sněmovní tisk 510, Novela z. o právu shromažďovacím* [Chamber of Deputies of the Parliament of the Czech Republic, *Parliamentary Document 510, Amendment of the act on freedom of assembly*], see http://www.psp.cz/sqw/historie.sqw?o=7&T=510, accessed 30 January 2020.

2 Macháček, "Czech Republic", pp. 175–176.

dismissed the action, the Municipal Court upheld this verdict in September 2017. However, the Supreme Court of the Czech Republic took the complainant's side in December 2019, canceled both previous judgments and ordered a new hearing in which lower courts are bound by legal opinion of the Supreme Court.[3] During the retrial in the District Court for Prague 10, the student withdrew her lawsuit in April 2020, and the court therefore decided to terminate the lawsuit in July 2020. However, the defendant school appealed against this, seeking a judgment in this matter; but the Court of Appeal - the Municipal Court - did not uphold the appeal and finished the court proceedings lawfully in January 2021. This meant that even such a long-lasting litigation did not lead to a judgment that would authoritatively resolve the question whether the student had been discriminated for religious reasons or not.[4]

3 Nejvyšší soud [Supreme Court]. *Tisková zpráva* [*Press Release*]*: Nejvyšší soud vyhověl dovolání žalobkyně a vrací Obvodnímu soudu pro Prahu 10 k dalšímu řízení spor o zákaz nošení hidžábu na střední zdravotnické škole* [*The Supreme Court upheld the plaintiff's appeal and returned the District Court for Prague 10 for further proceedings a dispute over the ban on wearing a hijab at a nurse training school*], see http://www.nsoud.cz/Judikatura/ns_web.nsf/web/Proverejnostamedia~TiskovezpravyNejvyssihosoudu~Nejvyssi_soud_vyhovel_dovolani_zalobkyne_a_vraci_Obvodnimu_soudu_pro_Prahu_10_k_dalsimu_rizeni_spor_o_zakaz_noseni_hidzabu_na_stredni_zdravotnicke_skole, accessed 30 January 2020.

4 *Studentka stáhla žalobu na pražskou školu kvůli nošení hidžábu* [*The student dropped the lawsuit to a Prague school over wearing a hijab*], Novinky.cz: www.novinky.cz/krimi/clanek/studentka-stahla-zalobu-kvuli-noseni-hidzabu-ve-skole-40322246; *Soud kauzu nošení hidžábu ve škole zastavil, škola se odvolá* [*The court stopped the case of wearing the hijab at the school, the school appeals*], Novinky.cz: www.novinky.cz/krimi/clanek/soud-kauzu-noseni-hidzabu-ve-skole-zastavil-skola-se-odvola-40331101; and *Soud potvrdil zastavení sporu dívky a školy o nošení hidžábu* [*The court confirmed the cessation of the trial between the girl and the school over the wearing of the hijab*], Novinky.cz: www.novinky.cz/krimi/clanek/soud-potvrdil-zastaveni-sporu-divky-a-skoly-o-noseni-hidzabu-40349569, all accessed 5 February 2021.

CHAPTER 15

Criminal Law

15.1 The Penal Code

In the Czech Criminal Code, no. 40/2009 Coll., only one case is directly connected with religion. The law bans the restriction of the freedom of religion:

Zákon č. 40/2009 Sb.
Trestní zákoník

§176
Omezování svobody vyznání
(1) Kdo násilím, pohrůžkou násilí nebo pohrůžkou jiné újmy
a) nutí jiného k účasti na náboženském úkonu,
b) zdržuje jiného bez oprávnění od takové účasti, nebo
c) jinému v užívání svobody vyznání jinak brání, bude potrestán odnětím svobody až na dvě léta.
(2) Odnětím svobody na jeden rok až pět let nebo peněžitým trestem bude pachatel potrestán, spáchá-li čin uvedený v odstavci 1
a) na nejméně třech osobách, nebo
b) se zbraní.

The Criminal Code defines restriction of religious freedom as a criminal offence in the following cases: using or threatening violence or other harm in order to force someone to participate in a religious act, to restrain someone from such participation, or to otherwise hinder another person from using freedom of religion. The punished by imprisonment is set to up to two years.

The crime of vandalism is significantly oriented to the area of religion also. Criminal offence of vandalism includes defaming graves and historical or cultural monuments or grossly disrupting a ceremony. The punishment by imprisonment is set to up to two years.

Zákon č. 40/2009 Sb.
Trestní zákoník
§358
Výtržnictví

(1) Kdo se dopustí veřejně nebo na místě veřejnosti přístupném hrubé neslušnosti nebo výtržnosti zejména tím, že napadne jiného, hanobí hrob, historickou nebo kulturní památku, anebo hrubým způsobem ruší přípravu, průběh nebo zakončení organizovaného sportovního utkání, shromáždění nebo obřadu lidí, bude potrestán odnětím svobody až na dvě léta.
(2) Odnětím svobody až na tři léta bude pachatel potrestán, spáchá-li čin uvedený v odstavci 1
a) opětovně, nebo
b) jako člen organizované skupiny.

In addition, crimes against humanity can also be focused in the area of religion, namely incitement to hatred against a group of persons or the restriction of their rights and freedoms (§ 356), genocide (§ 400), an attack against humanity (§ 401), apartheid and discrimination against groups (§ 402), the creation, support and promotion of movements aimed at suppressing human rights and freedoms (§ 403) and persecution of the population (§ 413); crimes against humanity are excluded from the prescription (§ 35). Religion is a defining element of the above criminal acts.

Zákon č. 40/2009 Sb.
Trestní zákoník
§ 356
Podněcování k nenávisti vůči skupině osob nebo k omezování jejich práv a svobod
(1) Kdo veřejně podněcuje k nenávisti k některému národu, rase, etnické skupině, náboženství, třídě nebo jiné skupině osob nebo k omezování práv a svobod jejich příslušníků, bude potrestán odnětím svobody až na dvě léta.
(2) Stejně bude potrestán, kdo se spolčí nebo srotí k spáchání činu uvedeného v odstavci 1.
(3) Odnětím svobody na šest měsíců až tři léta bude pachatel potrestán,
a) spáchá-li čin uvedený v odstavci 1 tiskem, filmem, rozhlasem, televizí, veřejně přístupnou počítačovou sítí nebo jiným obdobně účinným způsobem, nebo
b) účastní-li se aktivně takovým činem činnosti skupiny, organizace nebo sdružení, které hlásá diskriminaci, násilí nebo rasovou, etnickou, třídní, náboženskou nebo jinou nenávist.
[...]

HLAVA XIII

TRESTNÉ ČINY PROTI LIDSKOSTI, PROTI MÍRU A VÁLEČNÉ TRESTNÉ ČINY

Díl 1

Trestné činy proti lidskosti

§ 400

Genocidium

(1) Kdo v úmyslu zničit úplně nebo částečně některou rasovou, etnickou, národnostní, náboženskou, třídní nebo jinou podobnou skupinu lidí
a) uvede příslušníky takové skupiny do takových životních podmínek, které mají přivodit jejich úplné nebo částečné fyzické zničení,
b) provede opatření směřující k tomu, aby se v takové skupině bránilo rození dětí,
c) násilně převádí děti z jedné takové skupiny do druhé, nebo
d) způsobí příslušníkovi takové skupiny těžkou újmu na zdraví nebo smrt,
bude potrestán odnětím svobody na dvanáct až dvacet let nebo výjimečným trestem.
(2) Stejně bude potrestán, kdo k činu uvedeném v odstavci 1 veřejně podněcuje.
(3) Příprava je trestná.

§ 401

Útok proti lidskosti

(1) Kdo se v rámci rozsáhlého nebo systematického útoku zaměřeného proti civilnímu obyvatelstvu dopustí
a) vyhlazování lidí,
b) zotročování,
c) deportace nebo násilného přesunu skupiny obyvatelstva,
d) znásilnění, sexuálního otroctví, vynucené prostituce, vynuceného těhotenství, vynucené sterilizace nebo jiné obdobné formy sexuálního násilí,
e) perzekuce skupiny obyvatelstva na politickém, rasovém, národnostním, etnickém, kulturním nebo náboženském základě, z důvodu pohlaví nebo z jiného podobného důvodu,
f) apartheidu nebo jiné podobné segregace nebo diskriminace,
g) zbavení osobní svobody, zavlečení na neznámé místo nebo jakéhokoli jiného omezení osobní svobody s následným nedobrovolným zmizením osob,
[...]
bude potrestán odnětím svobody na dvanáct až dvacet let nebo výjimečným trestem.
(2) Příprava je trestná.

§402
Apartheid a diskriminace skupiny lidí
(1) Kdo uplatňuje apartheid nebo rasovou, etnickou, národnostní, náboženskou nebo třídní segregaci nebo jinou podobnou diskriminaci skupiny lidí, bude potrestán odnětím svobody na pět až dvanáct let.
[...]
§403
Založení, podpora a propagace hnutí směřujícího k potlačení práv a svobod člověka
(1) Kdo založí, podporuje nebo propaguje hnutí, které prokazatelně směřuje k potlačení práv a svobod člověka, nebo hlásá rasovou, etnickou, národnostní, náboženskou či třídní zášť nebo zášť vůči jiné skupině osob, bude potrestán odnětím svobody na jeden rok až pět let.
(2) Odnětím svobody na tři léta až deset let bude pachatel potrestán,
a) spáchá-li čin uvedený v odstavci 1 tiskem, filmem, rozhlasem, televizí, veřejně přístupnou počítačovou sítí nebo jiným podobně účinným způsobem,
b) spáchá-li takový čin jako člen organizované skupiny,
c) spáchá-li takový čin jako voják, nebo
d) spáchá-li takový čin za stavu ohrožení státu nebo za válečného stavu.
(3) Příprava je trestná.
§404
Projev sympatií k hnutí směřujícímu k potlačení práv a svobod člověka
Kdo veřejně projevuje sympatie k hnutí uvedenému v §403 odst. 1, bude potrestán odnětím svobody na šest měsíců až tři léta.
§405
Popírání, zpochybňování, schvalování a ospravedlňování genocidia
Kdo veřejně popírá, zpochybňuje, schvaluje nebo se snaží ospravedlnit nacistické, komunistické nebo jiné genocidium nebo nacistické, komunistické nebo jiné zločiny proti lidskosti nebo válečné zločiny nebo zločiny proti míru, bude potrestán odnětím svobody na šest měsíců až tři léta.

In the paragraph on apartheid and discrimination (§402) the law defines as a criminal act establishing, supporting or promoting a movement which is demonstrably directed towards the suppression of human rights and freedoms or which professes racial, ethnic, national, religious or class hatred or hatred against another group of persons; supporting, approving and propagating a movement with such goals.

Generally aggravating circumstances are, amongst others, offences of national, racial, ethnic, religious, class or other similar hatred (§ 42):

Zákon č. 40/2009 Sb.
Trestní zákoník
§ 42
Přitěžující okolnosti
Soud jako k přitěžující okolnosti přihlédne zejména k tomu, že pachatel
a) spáchal trestný čin s rozmyslem nebo po předchozím uvážení,
b) spáchal trestný čin ze ziskuchtivosti, z pomsty, z národnostní, rasové, etnické, náboženské, třídní či jiné podobné nenávisti nebo z jiné zvlášť zavrženíhodné pohnutky,

Aggravating circumstances includes motivation on grounds of religion or belief, connected with indication of specific higher criminal penalties for the offences of murder (§ 140), grievous bodily harm (§ 145), bodily harm (§ 146), torture and other inhuman and cruel treatment (§ 149), restriction of personal liberty (§ 171), extortion (§ 175) and violation of confidential papers and other documents kept in private (§ 183).

A specific adaptation exists regarding the crime of failure to report a crime (§ 368), from which are exempt clergymen of registered CRCs authorised to exercise special rights, if they become aware of an offense in connection with the performance of the seal of confession or in connection with the exercise of rights like the seal of confession. The CMC has not obtained the special rights (cf. above 1.2.3. and 2.2.2.).

15.2 The Act on the Criminal Liability of Legal Persons

Legal persons may be punished according to Act no. 418/2011 Coll., on the criminal liability of legal persons and proceedings against them, and all of the above mentioned crimes are also punishable under this act (§ 7). The principles of penal responsibility are as follows:

Zákon č. 418/2011 Sb.
Zákon o trestní odpovědnosti právnických osob a řízení proti nim
§ 8
Trestní odpovědnost právnické osoby
(1) Trestným činem spáchaným právnickou osobou je protiprávní čin spáchaný v jejím zájmu nebo v rámci její činnosti, jednal-li tak

a) statutární orgán nebo člen statutárního orgánu, anebo jiná osoba ve vedoucím postavení v rámci právnické osoby, která je oprávněna jménem nebo za právnickou osobu jednat,
b) osoba ve vedoucím postavení v rámci právnické osoby, která u této právnické osoby vykonává řídící nebo kontrolní činnost, i když není osobou uvedenou v písmenu a),
c) ten, kdo vykonává rozhodující vliv na řízení této právnické osoby, jestliže jeho jednání bylo alespoň jednou z podmínek vzniku následku zakládajícího trestní odpovědnost právnické osoby, nebo
d) zaměstnanec nebo osoba v obdobném postavení (dále jen „zaměstnanec") při plnění pracovních úkolů, i když není osobou uvedenou v písmenech a) až c),
jestliže jí ho lze přičítat podle odstavce 2.
(2) Právnické osobě lze přičítat spáchání trestného činu uvedeného v § 7, jestliže byl spáchán
a) jednáním orgánů právnické osoby nebo osob uvedených v odstavci 1 písm. a) až c), nebo
b) zaměstnancem
[...]

A legal person is held liable if a criminal offence was committed in its interest or in the framework of its activity by a certain number of related persons such as the statutory organ, a leading employee etc. According to the act, it is possible to impose certain punishments which include the abolition of the legal entity, confiscation of property, a fine, a prohibition of receiving subsidies and subventions, and publication of the sentence.

Zákon č. 418/2011 Sb.
Zákon o trestní odpovědnosti právnických osob a řízení proti nim
§ 15
Druhy trestů a ochranných opatření
(1) Za trestné činy spáchané právnickou osobou lze uložit pouze tyto tresty
a) zrušení právnické osoby,
b) propadnutí majetku,
c) peněžitý trest,
d) propadnutí věci,
e) zákaz činnosti,
f) zákaz plnění veřejných zakázek nebo účasti ve veřejné soutěži,
g) zákaz přijímání dotací a subvencí,
h) uveřejnění rozsudku.

CHAPTER 16

Family Law

Family law is a very important part of Islam; therefore, it is important to treat the family law of the Czech Republic in more detail here.

16.1 Private International Law

Provisions of private international law regulated the area of marriage and family, especially Act no. 91/2012 Coll., on private international law, which have binding force for CMC too. The act is based both on self-executing provisions of European law and on the same principles as Czech family law (see below 16.2).

Private international law has therefore the nature of dealing with conflicting laws in the field of marriage and family. It seeks to emphasise both to respect the law of the respective state according to the time of binding legal facts and the greatest guarantee of rights and obligations specified by Czech family law.

Specifically, it is related to the following areas: capacity to marry and conditions for validity of marriage; personal and property relations between spouses; annulment and absence of marriage; termination of marriage (especially divorce); filiation; relations between parents and children; claims of parents on the nourishment of their children; claims of the mother towards the father of the child, with whom she is not married; adoption; guardianship and custody.

Zákon č. 91/2012 Sb.
Zákon o mezinárodním právu soukromém
HLAVA V
RODINNÉ PRÁVO
Díl 1
Poměry mezi manžely
§ 47
Pravomoc
(1) Nestanoví-li mezinárodní smlouva nebo přímo použitelný předpis Evropské unie něco jiného, stačí k založení pravomoci českých soudů k řízení o rozvodu manželství, neplatnosti manželství a určení, zda tu manželství je či není, jestliže je jeden z manželů státním občanem České republiky, nebo jestliže žalovaný má v České republice obvyklý pobyt.

(2) Jsou-li manželé cizinci a žalovaný nemá obvyklý pobyt v České republice ani v jiném členském státě Evropské unie a ani není občanem členského státu Evropské unie a nemá domicil ve Spojeném království Velké Británie a Severního Irska nebo v Irsku, je pravomoc českých soudů ve věcech uvedených v odstavci 1 dána, jestliže
a) oba manželé měli v České republice obvyklý pobyt a žalobce má ještě obvyklý pobyt v České republice,
b) žalobce má obvyklý pobyt v České republice a druhý manžel se připojil k návrhu, nebo
c) žalobce má obvyklý pobyt v České republice a měl tento obvyklý pobyt nejméně po dobu jednoho roku bezprostředně před podáním žaloby.
(3) Pro řízení o vyživovací povinnosti mezi manžely a mezi bývalými manžely se pravomoc českých soudů určuje podle přímo použitelného předpisu Evropské unie.
Rozhodné právo
§ 48
(1) Způsobilost osoby uzavřít manželství, jakož i podmínky jeho platnosti se řídí právním řádem státu, jehož je tato osoba občanem.
(2) Forma uzavření manželství se řídí právním řádem platným v místě, v němž se manželství uzavírá.
(3) Uzavření manželství na zastupitelském úřadu České republiky v zahraničí se řídí českým právním řádem.
(4) Státní občan České republiky nemůže uzavřít manželství na zastupitelském úřadu cizího státu v České republice.
§ 49
(1) Osobní poměry manželů se řídí právním řádem státu, jehož jsou oba občany. Jsou-li občany různých států, řídí se tyto poměry právním řádem státu, v němž mají oba manželé obvyklý pobyt, jinak českým právním řádem.
(2) Vyživovací povinnost mezi manžely se řídí právním řádem určeným podle mezinárodní smlouvy, jejíž použití stanoví přímo použitelný předpis Evropské unie.
(3) Majetkové poměry manželů se řídí právním řádem státu, ve kterém mají oba manželé obvyklý pobyt; jinak právním řádem státu, jehož jsou oba manželé občany; jinak českým právním řádem.
(4) Smluvená úprava manželského majetkového práva se řídí právním řádem, který byl v době sjednání úpravy rozhodný pro majetkové poměry manželů. Jinak také pro smluvenou úpravu manželského majetkového práva se manželé mohou dohodnout, že se jejich majetkové poměry budou řídit buď právním řádem státu, jehož je jeden z manželů občanem,

nebo v němž má jeden z manželů obvyklý pobyt, nebo právním řádem státu, v němž je nemovitá věc, pokud jde o tuto nemovitou věc, nebo českým právním řádem. O dohodě musí být pořízen notářský zápis nebo obdobná listina, jestliže se dohoda uzavírá v cizině.

§ 50

(1) Rozvod manželství se řídí právním řádem státu, kterým se řídí osobní poměry manželů v době zahájení řízení.

(2) Jestliže by bylo třeba podle odstavce 1 použít cizího právního řádu, který rozvod manželství nedovoluje anebo jej připouští jen za okolností mimořádně tíživých, použije se českého právního řádu, jestliže alespoň jeden z manželů je státním občanem České republiky nebo alespoň jeden z manželů má v České republice obvyklý pobyt.

(3) Při prohlášení manželství za neplatné nebo při určení, zda tu manželství je či není, se způsobilost uzavřít manželství a forma jeho uzavření posuzují podle právních řádů rozhodných pro ně v době uzavření manželství.

(4) Vyživovací povinnost mezi bývalými manžely se řídí právním řádem určeným podle mezinárodní smlouvy, jejíž použití stanoví přímo použitelný předpis Evropské unie.

Uznání cizích rozhodnutí

§ 51

(1) Pravomocná cizí rozhodnutí ve věcech rozvodu manželství, zákonného odloučení, prohlášení manželství za neplatné a určení, zda tu manželství je či není, byl-li alespoň jedním z účastníků řízení státní občan České republiky, se v České republice uznávají, nebrání-li tomu ustanovení § 15 odst. 1 písm. a) až e), jen na základě zvláštního rozhodnutí.

(2) Vyslovit, že se uznává rozhodnutí ve věci uvedené v odstavci 1, přísluší Nejvyššímu soudu. Návrh může podat vedle účastníků řízení každý, kdo prokáže právní zájem. Nejvyšší státní zastupitelství může vstoupit do zahájeného řízení. Nejvyšší soud rozhoduje rozsudkem, jednání nemusí nařizovat.

(3) Rozhodnutí uvedené v odstavci 1 lze uznat jen tehdy, jestliže byl skutkový základ zjištěn způsobem vyhovujícím v podstatě příslušným ustanovením českého právního řádu.

§ 52

Byli-li všichni účastníci řízení v rozhodné době občany státu, o jehož rozhodnutí jde, mají pravomocná cizí rozhodnutí ve věcech uvedených v § 51 v České republice bez dalšího řízení stejné právní účinky jako pravomocná rozhodnutí českých soudů. To platí i o pravomocných rozhodnutích v těchto věcech vydaných orgány jiných cizích států, uznávají-li se taková rozhodnutí v domovských státech všech účastníků řízení, kteří jsou cizinci.

Czech courts are generally competent to decide about marriage when one of the spouses has Czech citizenship, or if the defendant has permanent permit to stay in the Czech Republic. If none of them has EU citizenship, the competence is defined by the concrete form of relationship of the spouses or of the defendant. The courts take into account relevant EU regulations. Marriage and spouse relations are regulated by the law of the person's state citizenship, or if, not identical, by the law of the state of residence, or by the Czech law. A Czech national cannot conclude marriage at a foreign consulate in the Czech Republic. Divorce follows the law that also regulates personal status of both spouses at the time of procedure. In a situation in which a state law has to be used that knows no institute of divorce or imposes an undue burden, the Czech law can be used if one of the spouses is Czech citizen or has a Czech residence permit.

Zákon č. 91/2012 Sb.
Zákon o mezinárodním právu soukromém
Díl 2
Poměry mezi rodiči a dětmi a některé jiné poměry
§ 53
Pravomoc ve věcech určení a popření rodičovství
Žalobu na určení a popření rodičovství lze podat u obecného soudu žalovaného v České republice; nemá-li zde žalovaný obecný soud, u obecného soudu žalobce. Pravomoc českých soudů je dána i tehdy, nemá-li ani žalobce v České republice obecný soud, ale jeden z rodičů nebo dítě je státním občanem České republiky.
§ 54
Rozhodné právo ve věcech určení a popření rodičovství
(1) Určení a popření rodičovství se řídí právním řádem státu, jehož příslušnost nabylo dítě narozením. Jestliže dítě získalo narozením více než jednu státní příslušnost, rozhoduje se podle českého právního řádu. Jestliže je to v zájmu dítěte, použije se právního řádu státu, v němž měla matka dítěte obvyklý pobyt v době jeho početí.
(2) Má-li dítě v České republice obvyklý pobyt a je-li to v jeho zájmu, použije se pro určení a popření rodičovství českého právního řádu.
[...]
§ 56
Pravomoc ve věcech výživy, výchovy a péče o nezletilé

(1) Pokud pravomoc ve věcech vyživovacích povinností a ve věcech rodičovské zodpovědnosti není upravena přímo použitelnými předpisy Evropské unie, je ve věcech výživy, výchovy a dalších věcech péče o nezletilé včetně opatření k ochraně jejich osoby a majetku dána pravomoc českých soudů, jestliže nezletilý má obvyklý pobyt v České republice, nebo jestliže je státním občanem České republiky, i když má obvyklý pobyt v cizině. Český soud nemusí řízení zahájit, stačí-li k ochraně práv a zájmů státního občana České republiky opatření učiněná v cizině.
(2) Český zastupitelský úřad může převzít péči nad nezletilým státním občanem České republiky, který má obvyklý pobyt v cizině a ke kterému nikdo nevykonává rodičovská práva a povinnosti, a to v rozsahu pravomoci soudu, uznává-li takovou pravomoc stát, v němž má nezletilý obvyklý pobyt. O převzetí péče uvědomí zastupitelský úřad neprodleně Úřad pro mezinárodně právní ochranu dětí.
(3) Pravomoc českých soudů je dána také pro řízení o výživném, v němž se navrhuje proti oprávněnému s obvyklým pobytem v cizině zrušení nebo změna rozhodnutí českého soudu.
(4) Českým soudům přísluší na návrh povinného s obvyklým pobytem v České republice rozhodovat o změně nebo zrušení vyživovací povinnosti uložené rozhodnutím orgánu cizího státu, jestliže oprávněný nemá obvyklý pobyt ve státě, jehož orgán rozhodnutí vydal.
(5) Jestliže se koná řízení o rozvodu manželství rodičů nezletilého cizince, který nemá obvyklý pobyt v České republice, avšak zdržuje se v ní, přísluší českým soudům upravit práva a povinnosti rodičů k nezletilému pro dobu po rozvodu, pokud se nezletilý bude zdržovat na území České republiky a pokud orgány příslušného cizího státu neučiní jiné opatření.
[...]
§ 58
Uznání cizích rozhodnutí ve věcech nezletilých
Pravomocná cizí rozhodnutí ve věcech výchovy, výživy a péče o nezletilé a v jiných věcech, které se jich týkají, vydaná ve státě, jehož občanem je dítě cizí státní příslušnosti nebo v němž má takové dítě obvyklý pobyt a všichni účastníci jsou cizinci, se uznávají bez dalšího řízení. Jestliže se jimi ukládá majetkové plnění, může být takové rozhodnutí uznáno a vykonáno, jestliže tomu nebrání překážky stanovené v § 15 odst. 1 písm. b) až e).

The courts consider the original legal system in which marriage had been concluded. A case for the determination of parenthood can be filed if one of the spouses or the child has Czech citizenship, or if the child has a residence permit etc. In the absence of EU regulations, the Czech courts are competent in the matters of alimony and education if the child has Czech citizenship or a Czech residence permit, but the court can recognise a foreign court decision as sufficient and not pursue the matter. A Czech embassy may take into its care a child without parental care if it has Czech citizenship; a Czech court may temporarily decide about divorce and alimony in case of a non-national minor if competent foreign courts have not decided. Otherwise, the Czech law recognises the final decision of competent foreign courts.

Zákon č. 91/2012 Sb.
Zákon o mezinárodním právu soukromém
Díl 3
Práva neprovdané matky
§ 59
(1) Nároky matky dítěte vůči jeho otci, za něhož není provdána, se řídí právním řádem státu, v němž má matka v době narození dítěte obvyklý pobyt. Matka se může dovolat použití právního řádu státu, jehož je občankou v době narození dítěte. Nároky neprovdané těhotné ženy se řídí právním řádem státu, ve kterém má v době podání návrhu obvyklý pobyt, ledaže se dovolá použití právního řádu státu, jehož je v době podání návrhu občankou.
[...]
Díl 4
Osvojení
§ 60
Pravomoc
(1) Rozhodovat ve věcech osvojení přísluší českým soudům, je-li osvojitel státním občanem České republiky. Jsou-li osvojitelé manželé, postačí, je-li státním občanem České republiky jeden z nich.
(2) Není-li osvojitel nebo ani jeden z manželů státním občanem České republiky, je pravomoc českých soudů dána,
a) má-li zde osvojitel nebo alespoň jeden z osvojujících manželů pobyt a může-li být rozhodnutí soudu uznáno v domovském státě osvojitele nebo v domovských státech obou osvojujících manželů, nebo
b) má-li osvojitel nebo alespoň jeden z osvojujících manželů v České republice obvyklý pobyt.
(3) Jestliže je nezletilý, o jehož osvojení jde, státním občanem České republiky a má na území České republiky obvyklý pobyt, přísluší rozhodovat o jeho osvojení výlučně českým soudům.

Rozhodné právo

§ 61

(1) K osvojení je třeba splnit podmínky stanovené právním řádem státu, jehož občanem je osvojenec, i státu, jehož občanem je osvojitel.

(2) Mají-li osvojující manželé různou státní příslušnost, musí být splněny podmínky právních řádů obou manželů určených podle jejich státní příslušnosti a právního řádu státu, jehož občanem je osvojenec.

(3) Jestliže by bylo třeba podle ustanovení odstavců 1 a 2 použít zahraničního právního řádu, který osvojení nedovoluje nebo je připouští jen za okolností mimořádně tíživých, použije se českého právního řádu, jestliže osvojitel nebo alespoň jeden z osvojujících manželů nebo osvojenec mají v České republice obvyklý pobyt.

[...]

Uznání cizích rozhodnutí

§ 63

(1) Jestliže v době osvojení byl osvojitel, některý z osvojitelů nebo osvojenec státním občanem České republiky, uznávají se cizí rozhodnutí o osvojení v České republice, jestliže se to nepříčí veřejnému pořádku a nebrání tomu výlučná pravomoc českých soudů a osvojení by bylo přípustné i podle hmotněprávních ustanovení českého práva. Pro řízení o uznání platí ustanovení § 16 odst. 2.

(2) Byli-li všichni účastníci řízení v rozhodné době cizinci, uznávají se cizí rozhodnutí o osvojení v České republice bez dalšího řízení, jestliže se to nepříčí veřejnému pořádku a uznávají-li se taková rozhodnutí v domovských státech všech účastníků.

(3) Ustanovení odstavců 1 a 2 se použijí pro osvojení v cizině, která se uskutečnila jinak než rozhodnutím, přiměřeně.

Díl 5

Poručenství a opatrovnictví nad nezletilými

§ 64

Pravomoc

(1) Pro pravomoc českých soudů ve věcech poručenství a opatrovnictví nad nezletilými platí ustanovení § 56 odst. 1 obdobně.

(2) Není-li dána pravomoc českých soudů v těchto věcech podle odstavce 1, postupuje český soud podle ustanovení § 33 odst. 2 a 3 obdobně.

§ 65

Rozhodné právo

(1) Pro poručenství a opatrovnictví nad nezletilými se použije právního řádu státu, jehož soud nebo úřad o něm rozhoduje. Pokud to však ochrana osoby nebo majetku nezletilého vyžaduje, lze výjimečně použítnebo

přihlédnout k právnímu řádu jiného státu, k němuž má daná situace podstatný vztah.
(2) Změní-li se obvyklý pobyt nezletilého a nezletilý bude mít obvyklý pobyt v jiném státě, řídí se od doby této změny právním řádem tohoto jiného státu podmínky pro poručenství a opatrovnictví zřízené ve státě, v kterém nezletilý měl dříve obvyklý pobyt.
[...].

The rights of unmarried mothers is governed by the law of her state of residence. Adoption and guardianship are governed by the Czech law if one of the parents or adoptive parents has Czech citizenship, or a permanent residence, or if the minor has Czech citizenship. In case of guardianship, the law of the state if residence is paramount, unless there are conditions that warrant an exception.

16.2 Marriage

Regulation of Czech family law is found once again in the Civil Code no. 89/2012 Coll., in the second part (§§ 655–975), with effect from 1 January 2014.

Principles of Czech family law are: sexual diversity of spouses, monogamy, equality of spouses (both with regard to weddings and through the duration of marriage, and in its termination by divorce), and the same rights and obligations to children and in the area of property (the principle of joint property, which can be variously modified or even eliminated).

Polygamy is banned in the Czech Republic and it is seen as an offense (§ 194 of Act no. 40/2009 Coll., Criminal Code) and can be punished by prison for up to two years:

Zákon č. 40/2009 Sb.
Trestní zákoník
§ 194
Dvojí manželství
(1) Kdo za trvání svého manželství uzavře manželství jiné, bude potrestán odnětím svobody až na dvě léta.
(2) Stejně bude potrestán, kdo uzavře manželství s osobou, která již je v manželství jiném.

A registered partnership, a state-registered permanent partnership of two persons of the same sex, regulated by Act no. 115/2006 Coll., is according to the wording of the law not deemed as marital status. In several respects, however, it has implications very similar to marital status, e.g. it is an obstacle to marriage to a third party.

Zákon č. 89/2012 Sb.
Občanský zákoník
HLAVA I
MANŽELSTVÍ
Díl 1
Všeobecné ustanovení
§ 655
Manželství je trvalý svazek muže a ženy vzniklý způsobem, který stanoví tento zákon. Hlavním účelem manželství je založení rodiny, řádná výchova dětí a vzájemná podpora a pomoc.
Díl 2
Vznik manželství
§ 656
(1) Manželství vzniká svobodným a úplným souhlasným projevem vůle muže a ženy, kteří hodlají vstoupit do manželství (dále jen „snoubenci"), že spolu vstupují do manželství.
(2) Sňatečný obřad je veřejný a slavnostní; činí se v přítomnosti dvou svědků.
[...]
§ 658
(1) Jedná-li se o občanský sňatek, jiný právní předpis stanoví, kdo je orgánem veřejné moci provádějícím sňatečný obřad.
(2) Jedná-li se o církevní sňatek, je orgánem oprávněné církve osoba pověřená oprávněnou církví.
§ 659
Manželství se uzavírá tak, že osoba jednající za orgán veřejné moci, anebo osoba, která jedná za orgán oprávněné církve, položí snoubencům jako oddávající otázku, zda spolu chtějí vstoupit do manželství; kladnou odpovědí obou snoubenců vznikne manželství. Manželství vznikne i jinak, je-li zřejmé, že snoubenci prohlašují svou sňatečnou vůli.
§ 660
Snoubenci při sňatečném obřadu prohlásí, že
a) příjmení jednoho z nich bude jejich příjmením společným,
b) si oba svá příjmení ponechají, nebo
c) příjmení jednoho z nich bude jejich příjmením společným, a ten, jehož příjmení nemá být příjmením společným, bude ke společnému příjmení na druhém místě připojovat své dosavadní příjmení.

[…]
§ 663
(1) Jedná-li se o občanský sňatek, uskutečňuje se sňatečný obřad na místě, které k tomu určí orgán veřejné moci provádějící sňatečný obřad; přihlíží při tom k vůli snoubenců.
(2) Jedná-li se o církevní sňatek, uskutečňuje se sňatečný obřad na místě určeném vnitřními předpisy oprávněné církve.
§ 664
(1) O provedení sňatečného obřadu snoubenci požádají orgán veřejné moci, v jehož správním obvodu má být manželství uzavřeno, a předloží doklady osvědčující jejich totožnost a způsobilost k uzavření manželství; jiný právní předpis stanoví, jaké doklady je třeba předložit.
(2) Orgán veřejné moci může předložení stanovených dokladů prominout, je-li jejich opatření spojeno s těžko překonatelnou překážkou.
§ 665
Snoubenci při sňatečném obřadu uvedou, dříve než učiní sňatečný projev vůle, že jim nejsou známy překážky, které by jim bránily uzavřít manželství, že navzájem znají svůj zdravotní stav a že zvážili uspořádání budoucích majetkových poměrů, svého bydlení a hmotné zajištění po uzavření manželství.
§ 666
(1) Má-li být uzavřen církevní sňatek, musí snoubenci nejprve předložit oddávajícímu osvědčení vydané matričním úřadem, v jehož správním obvodu má být manželství uzavřeno. Osvědčení musí obsahovat potvrzení o tom, že snoubenci splnili všechny požadavky stanovené zákonem pro uzavření manželství. Od vydání tohoto osvědčení do sňatečného obřadu nesmí uplynout více než šest měsíců.
(2) Byl-li uzavřen církevní sňatek, je oddávající povinen do tří pracovních dnů od uzavření manželství doručit matričnímu úřadu, v jehož správním obvodu bylo manželství uzavřeno, protokol o uzavření manželství s uvedením skutečností podle jiného právního předpisu.
[…]
§ 668
Státní občan České republiky může mimo území republiky uzavřít manželství také před diplomatickou misí nebo konzulárním úřadem České republiky.
§ 669
(1) Jsou-li pro to důležité důvody, může krajský úřad, v jehož správním obvodu má být manželství uzavřeno, na žádost snoubenců povolit, aby

projev vůle jednoho ze snoubenců o vstupu do manželství za něj učinil jeho zmocněnec.

[...]

§ 670

(1) Byl-li uzavřen občanský sňatek, nemají následné náboženské obřady právní následky.

(2) Byl-li uzavřen církevní sňatek, nelze následně uzavřít občanský sňatek.

§ 671

Způsobilost uzavřít manželství

Manželství může uzavřít každý, pokud mu v tom nebrání zákonná překážka podle § 672 až 676.

Zákonné překážky manželství

§ 672

(1) Manželství nemůže uzavřít nezletilý, který není plně svéprávný.

(2) Soud může ve výjimečných případech povolit uzavření manželství nezletilému, který není plně svéprávný a dovršil šestnácti let věku, jsou-li pro to důležité důvody.

§ 673

Manželství nemůže uzavřít osoba, jejíž svéprávnost byla v této oblasti omezena.

§ 674

Manželství nemůže uzavřít osoba, která již dříve uzavřela manželství, ani osoba, která již dříve vstoupila do registrovaného partnerství nebo jiného obdobného svazku uzavřeného v zahraničí, a toto manželství, registrované partnerství nebo jiný obdobný svazek uzavřený v zahraničí trvá.

§ 675

Manželství nemůže být uzavřeno mezi předky a potomky, ani mezi sourozenci; totéž platí o osobách, jejichž příbuzenství vzniklo osvojením.

§ 676

Manželství nemůže být uzavřeno mezi poručníkem a poručencem, mezi dítětem a osobou, do jejíž péče bylo dítě svěřeno, nebo pěstounem a svěřeným dítětem.

Díl 3

Zdánlivé manželství a neplatnost manželství

Oddíl 1

Zdánlivé manželství

§ 677

(1) Manželství nevznikne, pokud alespoň u jedné z osob, které hodlaly uzavřít manželství, nebyly v projevu vůle o vstupu do manželství nebo

ve sňatečném obřadu nebo v souvislosti s ním splněny takové náležitosti, na jejichž splnění je k tomu, aby manželství vzniklo, nutno bezvýhradně trvat.
Oddíl 2
Neplatnost manželství
§ 680
Došlo-li k uzavření manželství, přestože tomu bránila zákonná překážka, soud prohlásí manželství za neplatné na návrh každého, kdo na tom má právní zájem, ledaže manželství bránila překážka omezené svéprávnosti.
[...]
§ 684
(1) Soud prohlásí manželství za neplatné na návrh manžela, jehož projev vůle o vstupu do manželství byl učiněn pod nátlakem spočívajícím v užití násilí nebo vyhrožováním násilím nebo jehož projev vůle o vstupu do manželství byl učiněn jen v důsledku omylu o totožnosti snoubence nebo o povaze sňatečného právního jednání. Návrh lze podat nejpozději do jednoho roku ode dne, kdy tak manžel mohl vzhledem k okolnostem nejdříve učinit, popřípadě kdy se dozvěděl o pravém stavu věcí.
[...]
§ 685
Soud prohlásí manželství za neplatné i bez návrhu, a to i v případě, že již zaniklo, pokud bylo uzavřeno
a) osobou, která již dříve uzavřela manželství, nebo která již dříve vstoupila do registrovaného partnerství nebo jiného obdobného svazku uzavřeného v zahraničí, pokud takové manželství, partnerství nebo jiný obdobný svazek trvá,
b) mezi předkem a potomkem, mezi sourozenci nebo mezi osobami, jejichž příbuzenství vzniklo osvojením.

Marriage is defined as "a lasting union of a man and a woman with the main purpose of starting a family, raising children and supporting each other." The marriage is concluded by a free expression of will in front of a person acting on behalf of a public authority, or a person acting on behalf of an authorised church, asking the engaged couple whether they want to marry; a positive response from both will result in marriage. The couple decide if and which family name they will use after marriage and about the family name of their children. The marriage may be concluded in a place determined by the state authority together with the spouses or in a place determininted by the authorised church's internal rules in case of a church marriage. In case of a civil and a church marriage, the couple have first to produce necessary documents attesting to their identity and their capacity for marriage in front of a public official in order to be admitted to a marriage. In case of a civil marriage, church ceremonies have no legal effect; in case of a church marriage, there it is necessary to fulfil strong administrative requirements for its civil validity, and cosequently there can be no further civil marriage. One has to be legally adult, legally competent and not previously married or living in a registered partnership or homosexual marriage in the country or abroad, to qualify for marriage, and cannot stand in a relation of family or guardianship with the spouse; in exceptional cases a minor can be admitted to marriage. Marriage will be concluded if one of the spouses has clearly expressed its free will to do so. Marriage can be annulled upon request of one of the parties if some of the conditions have not been fulfilled, for example, if marriage was concluded between siblings, a parent and child or between already married persons or at the request of a spouse whose intention to enter into marriage was made under coercion or reliance on a mistaken identity.

Czech family law is very secular. The activity of a CRC is permissible in one point only, i.e. in the case of the church marriage ceremony with secular validity, albeit in well-defined cooperation with state authorities, see above § 666 of the Civil Code quoted above.

However, this possibility is not granted to all CRSs, but only to those who are authorized to exercise special rights (cf. § 7 of Act no. 3/2002 Coll., on CRS).

The Law from 2006 defines both spouses as equals in rights and duties.

Zákon č. 89/2012 Sb.
Občanský zákoník
Díl 4
Povinnosti a práva manželů
Oddíl 1
Obecná ustanovení
§ 687
(1) Manželé mají rovné povinnosti a rovná práva.
(2) Manželé si jsou navzájem povinni úctou, jsou povinni žít spolu, být si věrni, vzájemně respektovat svou důstojnost, podporovat se, udržovat rodinné společenství, vytvářet zdravé rodinné prostředí a společně pečovat o děti.
§ 688
Manžel má právo na to, aby mu druhý manžel sdělil údaje o svých příjmech a stavu svého jmění, jakož i o svých stávajících i uvažovaných pracovních, studijních a podobných činnostech.

§ 689
Manžel je povinen při volbě svých pracovních, studijních a podobných činností brát zřetel na zájem rodiny, druhého manžela a nezletilého dítěte, které nenabylo plné svéprávnosti a které žije spolu s manžely v rodinné domácnosti, a popřípadě dalších členů rodiny.

§ 690
Uspokojování potřeb rodiny
Každý z manželů přispívá na potřeby života rodiny a potřeby rodinné domácnosti podle svých osobních a majetkových poměrů, schopností a možností tak, aby životní úroveň všech členů rodiny byla zásadně srovnatelná. Poskytování majetkových plnění má stejný význam jako osobní péče o rodinu a její členy.
§ 691
(1) Nemají-li manželé rodinnou domácnost, nese každý z nich náklady své domácnosti; to je nezbavuje povinnosti navzájem si pomáhat a podporovat se.
(2) Žije-li s jedním z manželů společné dítě manželů, vůči kterému mají oba vyživovací povinnost, popřípadě nezletilé dítě, které nenabylo plné svéprávnosti a které je svěřeno do péče manželů nebo jednoho z nich, a druhý manžel opustí rodinnou domácnost, aniž k tomu má důvod zvláštního zřetele hodný, a odmítá se vrátit, je tento manžel povinen přispívat i na náklady rodinné domácnosti. Důvod opuštění rodinné domácnosti, popřípadě důvod odmítání návratu, posoudí soud podle zásad slušnosti a dobrých mravů.
§ 692
Rozhodování o záležitostech rodiny
(1) O záležitostech rodiny, včetně volby umístění rodinné domácnosti, popřípadě domácnosti jednoho z manželů a dalších členů rodiny, především dětí, které nenabyly plné svéprávnosti, a o způsobu života rodiny, se mají manželé dohodnout.
(2) Nedohodnou-li se manželé o podstatné záležitosti rodiny, může soud na návrh jednoho z nich nahradit svým rozhodnutím souhlas druhého manžela, odmítá-li svůj souhlas v takové záležitosti rodinného života bez vážného důvodu a v rozporu se zájmem rodiny, anebo není-li schopen vůli projevit. Soud však vede manžele především k dohodě.
Obstarávání záležitostí rodiny
§ 693
Záležitosti rodiny obstarávají manželé společně, nebo je obstarává jeden z nich.

§ 694
(1) V běžných záležitostech rodiny právní jednání jednoho manžela zavazuje a opravňuje oba manžele společně a nerozdílně; to neplatí, sdělil-li manžel, který právně nejednal, předem třetí osobě, že s právním jednáním nesouhlasí. Také soud může na návrh manžela pro něho vyloučit následky budoucího právního jednání druhého manžela vůči třetím osobám. Taková opatření se netýkají právních jednání, jimiž manžel obstarává běžně nezbytné životní potřeby rodiny a jejích členů, zejména dětí, které nenabyly plné svéprávnosti.
(2) V ostatních záležitostech rodiny právní jednání jednoho manžela zavazuje a opravňuje oba manžele společně a nerozdílně, dal-li druhý manžel k právnímu jednání manžela souhlas; ustanovení § 692 odst. 2 se použije obdobně. Nedovolá-li se však manžel, který s právním jednáním druhého manžela nesouhlasí, pomoci soudu předem, může se dovolat neplatnosti takového právního jednání.
[...]
§ 697
Výživné mezi manžely
(1) Manželé mají vzájemnou vyživovací povinnost v rozsahu, který oběma zajišťuje zásadně stejnou hmotnou a kulturní úroveň. Vyživovací povinnost mezi manžely předchází vyživovací povinnosti dítěte i rodičů.
(2) Pro vyživovací povinnost mezi manžely jinak platí obecná ustanovení o výživném.

The law defines various aspects of the equal obligations and equal rights of both spouses. They are bound by mutual respect each other, sharing a household, faithfulness to each other. They are to respect each other's dignity and to support each other and children together. Each spouse has the right to be informed by the other spouse on his/her income and professional activities and plans. They both have the obligation to support common family life and children, including adopted children. Both spouses are expected to make choices with regard to the interest of other family members and consistent with providing a roughly equal living standard to all members, including adopted or depending children. Family matters are handled jointly by the spouses or by one of them; in this case, legal acts of one spouse oblige the other one if he or she did not express a disagreement. Spouses have a mutual alimony obligation; they have to provide each other the same physical and cultural standard of living.

A joint property in matrimony is regulated by several regimes.

Zákon č. 89/2012 Sb.
Občanský zákoník
Oddíl 2
Manželské majetkové právo
§ 708
(1) To, co manželům náleží, má majetkovou hodnotu a není vyloučeno z právních poměrů, je součástí společného jmění manželů (dále jen „společné jmění“). To neplatí, zanikne-li společné jmění za trvání manželství na základě zákona.
(2) Společné jmění podléhá zákonnému režimu, nebo smluvenému režimu, anebo režimu založenému rozhodnutím soudu.
Zákonný režim
§ 709
(1) Součástí společného jmění je to, čeho nabyl jeden z manželů nebo čeho nabyli oba manželé společně za trvání manželství, s výjimkou toho, co
a) slouží osobní potřebě jednoho z manželů,
b) nabyl darem, děděním nebo odkazem jen jeden z manželů, ledaže dárce při darování nebo zůstavitel v pořízení pro případ smrti projevil jiný úmysl,
c) nabyl jeden z manželů jako náhradu nemajetkové újmy na svých přirozených právech,
d) nabyl jeden z manželů právním jednáním vztahujícím se k jeho výlučnému vlastnictví,
e) nabyl jeden z manželů náhradou za poškození, zničení nebo ztrátu svého výhradního majetku.
(2) Součástí společného jmění je zisk z toho, co náleží výhradně jednomu z manželů.
§ 710
Součástí společného jmění jsou dluhy převzaté za trvání manželství, ledaže
a) se týkají majetku, který náleží výhradně jednomu z manželů, a to v rozsahu, který přesahuje zisk z tohoto majetku, nebo
b) je převzal jen jeden z manželů bez souhlasu druhého, aniž se přitom jednalo o obstarávání každodenních nebo běžných potřeb rodiny.
[...]
Smluvený režim
§ 716
(1) Snoubenci a manželé si mohou ujednat manželský majetkový režim

odlišný od zákonného režimu. Ujednají-li si smluvený režim manželé, upraví zpravidla své povinnosti a práva týkající se již existujícího společného jmění. Ujedná-li se pro smluvený režim zpětný účinek, nepřihlíží se k tomu.
(2) Smlouva o manželském majetkovém režimu vyžaduje formu veřejné listiny.
[...]
§ 719
(1) Smlouva o manželském majetkovém režimu nesmí svými důsledky vyloučit schopnost manžela zabezpečovat rodinu.
(2) Smlouva o manželském majetkovém režimu se nesmí svým obsahem nebo účelem dotknout práv třetí osoby, ledaže by se smlouvou souhlasila; tato smlouva uzavřená bez souhlasu třetí osoby nemá vůči ní právní účinky.
[...]
Správa ve smluveném režimu
§ 723
(1) Manžel, který spravuje společné jmění, právně jedná v záležitostech týkajících se společného jmění samostatně, a to i v soudním nebo jiném řízení, ledaže je dále stanoveno jinak.
(2) Manžel, který spravuje všechno společné jmění, může právně jednat jen se souhlasem druhého manžela
a) při nakládání se společným jměním jako celkem,
b) při nakládání s obydlím, v němž je rodinná domácnost manželů, je-li toto obydlí součástí společného jmění, nebo které je obydlím jednoho z nich, anebo obydlím nezletilého dítěte, které nenabylo plné svéprávnosti a o něž manželé pečují, jakož i při ujednání trvalého zatížení nemovité věci, která je součástí společného jmění.

Režim založený rozhodnutím soudu
§ 724
(1) Je-li pro to závažný důvod, soud na návrh manžela společné jmění zruší nebo zúží jeho stávající rozsah.
(2) Závažným důvodem je vždy skutečnost, že manželův věřitel požaduje zajištění své pohledávky v rozsahu přesahujícím hodnotu toho, co náleží výhradně tomuto manželu, že manžela lze považovat za marnotratného, jakož i to, že manžel soustavně nebo opakovaně podstupuje nepřiměřená rizika. Jako závažný důvod může být shledáno také to, že manžel začal podnikat nebo že se stal neomezeně ručícím společníkem právnické osoby.

§ 728

Správa v režimu založeném rozhodnutím soudu

Jedná-li manžel při správě společného jmění způsobem, který je ve zřejmém rozporu se zájmem druhého manžela, rodiny nebo rodinné domácnosti, a snoubenci nebo manželé neuzavřeli smlouvu o správě toho, co je součástí společného jmění, může soud na návrh druhého manžela rozhodnout, jakým způsobem bude společné jmění spravováno.

Režim oddělených jmění

§ 729

V režimu oddělených jmění smí manžel nakládat se svým majetkem bez souhlasu druhého manžela.

§ 730

Podnikají-li v režimu oddělených jmění manželé společně nebo jeden z manželů podniká s pomocí druhého manžela, rozdělí si příjmy z podnikání, jak si v písemné formě ujednali; jinak se příjmy rozdělí rovným dílem.

[...]

Některá ustanovení o bydlení manželů

§ 743

(1) Manželé mají obydlí tam, kde mají rodinnou domácnost.

(2) Žádá-li manžel z vážných důvodů o přeložení rodinné domácnosti, má mu druhý manžel vyhovět, ledaže důvody pro setrvání převažují nad důvody pro tuto změnu.

(3) Manželé se mohou dohodnout, že budou bydlet trvale odděleně. Dohoda manželů o odděleném bydlení má stejné právní účinky jako opuštění rodinné domácnosti s úmyslem žít trvale jinde.

§ 747

(1) Má-li alespoň jeden z manželů právo nakládat domem nebo bytem, ve kterém se nachází rodinná domácnost manželů nebo rodiny, a tohoto domu nebo bytu je k bydlení manželů nebo rodiny nezbytně třeba, musí se zdržet všeho a předejít všemu, co může bydlení znemožnit nebo ohrozit. Manžel zejména nesmí bez souhlasu druhého manžela takový dům nebo byt zcizit nebo k domu, jeho části nebo k celému bytu zřídit právo, jehož výkon je neslučitelný s bydlením manželů nebo rodiny, ledaže zajistí manželovi nebo rodině po všech stránkách obdobné bydlení s bydlením dosavadním.

(2) Jedná-li manžel bez souhlasu druhého manžela v rozporu s odstavcem 1, může se tento manžel dovolat neplatnosti takového právního jednání.

§ 748

(1) Mají-li manželé společné nájemní právo k domu nebo bytu, ve kterém se nachází rodinná domácnost manželů nebo rodiny, platí § 747 odst. 1 věta první obdobně. Manžel nesmí bez souhlasu druhého manžela nájem ukončit, nebo jej omezit právem, jehož výkon je neslučitelný s bydlením manželů nebo rodiny.

(2) Jedná-li manžel bez souhlasu druhého manžela v rozporu s odstavcem 1, může se tento manžel dovolat neplatnosti takového právního jednání.

§ 749

Souhlas manžela podle § 747 a 748 vyžaduje písemnou formu.

§ 750

(1) Dohodnou-li se manželé, popřípadě snoubenci, odchylně od ustanovení § 747 a 748, nesmí dohoda zhoršit postavení jejich společného nezletilého dítěte, které nenabylo plné svéprávnosti, které žije s nimi v rodinné domácnosti a vůči kterému mají vyživovací povinnost, popřípadě nezletilého dítěte, které nenabylo plné svéprávnosti a bylo svěřeno do společné péče manželů nebo jednoho z nich; dohoda se dále nesmí dotknout práv třetích osob, ledaže s takovou dohodou souhlasily.

(2) Dohoda i souhlas třetích osob podle odstavce 1 vyžadují písemnou formu.

Zvláštní ustanovení proti domácímu násilí

§ 751

(1) Stane-li se další společné bydlení manželů v domě nebo bytě, v němž se nachází rodinná domácnost manželů, pro jednoho z nich nesnesitelné z důvodu tělesného nebo duševního násilí vůči manželovi nebo jinému, kdo v rodinné domácnosti manželů žije, může soud na návrh dotčeného manžela omezit, popřípadě i vyloučit na určenou dobu právo druhého manžela v domě nebo bytě bydlet.

Joint property in a marriage is subject to a statutory regime, to an agreed arrangement, or to a regime established by a court decision.

Common property as defined by the law includes what one of the spouses has acquired, or what both spouses have acquired during the marriage, with several exceptions defined by the law, such as whatever only one spouse uses, whatever one spouse has acquired a gift, inheritance or legacy and incomes from previously acquired property. Part of the common property are also all debts incurred during marriage unless they are related to the above exceptions.

The spouses can arrange a matrimonial property regime different from the statutory regime. Such a contractual arrangement regulates their obligations and rights relating to the existing common property. It has to have a form of a publicly registered document; it cannot have a retroactive effect or affect rights of third persons. The spouse who manages all common property can only legally act with the consent of the other spouse when dealing with the common assets as a whole and with the dwelling in which the spouse's family is lives.

A common property may be abolished or reduced by a court decision at the request of the spouse if there is a serious reason for doing so, e.g. if creditor requires the securing the debt to the extent exceeding the value of what belongs exclusively to that spouse, if the spouse can be considered wasteful, if the spouse takes disproportionate risks in business matters or has become an unlimited partner of a legal entity. A court can introduce a regime of separate property.

Concerning housing rights or property, the spouses' dwellings are defined family household. The spouses may agree to live permanently separately; in this separation has the same legal effects as leaving a family household with the intention of living permanently elsewhere. If nevertheless a joint living becomes intolerable on the grounds of physical or mental violence against the spouse or another person living in the spouse's family, the court may, at the request of the spouse, concerned, restrict or even exclude the other spouse's right to live in a house or flat for a specified period.

16.3 Divorce

Zákon č. 89/2012 Sb.
Občanský zákoník
Díl 5
Zánik manželství
Oddíl 1
Obecné ustanovení
§ 754
Manželství zaniká jen z důvodů stanovených zákonem.
Oddíl 2
Rozvod manželství
§ 755
(1) Manželství může být rozvedeno, je-li soužití manželů hluboce, trvale a nenapravitelně rozvráceno a nelze očekávat jeho obnovení.

(2) Přesto, že je soužití manželů rozvráceno, nemůže být manželství rozvedeno, byl-li by rozvod v rozporu
a) se zájmem nezletilého dítěte manželů, které nenabylo plné svéprávnosti, který je dán zvláštními důvody, přičemž zájem dítěte na trvání manželství soud zjistí i dotazem u opatrovníka jmenovaného soudem pro řízení o úpravu poměrů k dítěti na dobu po rozvodu, nebo
b) se zájmem manžela, který se na rozvratu porušením manželských povinností převážně nepodílel a kterému by byla rozvodem způsobena zvlášť závažná újma s tím, že mimořádné okolnosti svědčí ve prospěch zachování manželství, ledaže manželé spolu již nežijí alespoň po dobu tří let.
(3) Mají-li manželé nezletilé dítě, které není plně svéprávné, soud manželství nerozvede, dokud nerozhodne o poměrech dítěte v době po rozvodu manželů.
[...]
§ 757
(1) Připojí-li se manžel k návrhu na rozvod manželství, který podá druhý z manželů, soud manželství rozvede, aniž zjišťuje příčiny rozvratu manželství, dojde-li k závěru, že shodné tvrzení manželů, pokud se jedná o rozvrat manželství a o záměr dosáhnout rozvodu, je pravdivé a pokud
a) ke dni zahájení řízení o rozvod trvalo manželství nejméně jeden rok a manželé spolu déle než šest měsíců nežijí,
b) manželé, kteří jsou rodiči nezletilého dítěte, které nenabylo plné svéprávnosti, se dohodli na úpravě poměrů tohoto dítěte pro dobu po rozvodu a soud jejich dohodu schválil,
c) manželé se dohodli na úpravě svých majetkových poměrů, svého bydlení, a popřípadě výživného pro dobu po tomto rozvodu.
(2) Dohody uvedené v odstavci 1 písm. c) vyžadují písemnou formu a podpisy musí být úředně ověřeny.
§ 758
Manželé spolu nežijí, netvoří-li manželské či rodinné společenství, bez ohledu na to, zda mají, popřípadě vedou rodinnou domácnost, s tím, že alespoň jeden z manželů manželské společenství zjevně obnovit nechce.

Oddíl 3
Následky zániku manželství
§ 759
Příjmení rozvedeného manžela
Manžel, který přijal příjmení druhého manžela, může do šesti měsíců

po rozvodu manželství oznámit matričnímu úřadu, že přijímá zpět své dřívější příjmení. To platí i tehdy, hodlá-li manžel, který přijal příjmení druhého manžela s tím, že bude ke společnému příjmení připojovat své dosavadní příjmení, popřípadě první ze svých příjmení, užívat napříště jen své dřívější příjmení.

Výživné rozvedeného manžela

§760

(1) Není-li rozvedený manžel schopen sám se živit a tato jeho neschopnost má svůj původ v manželství nebo v souvislosti s ním, má vůči němu jeho bývalý manžel v přiměřeném rozsahu vyživovací povinnost, lze-li to na něm spravedlivě požadovat, zejména s ohledem na věk nebo zdravotní stav rozvedeného manžela v době rozvodu nebo skončení péče o společné dítě rozvedených manželů.

[...]

§761

(1) Rozsah vyživovací povinnosti a způsob poskytování výživného se řídí dohodou manželů nebo rozvedených manželů; ujednají-li si, že se výživné nahradí odbytným, zanikne právo rozvedeného manžela na výživné poskytnutím odbytného.

(2) Nedojde-li k dohodě rozvedených manželů o výživném, může potřebný bývalý manžel navrhnout, aby o vyživovací povinnosti druhého manžela rozhodl soud.

§762

(1) Nedohodnou-li se manželé nebo rozvedení manželé o výživném, může manžel, který rozvrat manželství převážně nezapříčinil nebo s rozvodem nesouhlasil a kterému byla rozvodem způsobena závažná újma, navrhnout, aby soud stanovil vyživovací povinnost bývalého manžela i v takovém rozsahu, který zajistí, aby rozvedení manželé měli v zásadě stejnou životní úroveň. Právo rozvedeného manžela na výživné lze v tomto případě považovat za důvodné jen po dobu okolnostem přiměřenou, nejdéle však po dobu tří let od rozvodu.

(2) Dopustil-li se bývalý manžel vůči druhému manželovi jednání, které naplňuje znaky domácího násilí, nemá právo na výživné podle odstavce 1, ač by jinak podmínky přiznání práva na výživné splňoval.

§763

Právo rozvedeného manžela na výživné zanikne, uzavře-li oprávněný rozvedený manžel nové manželství, nebo vstoupí-li do registrovaného partnerství.

Majetkové povinnosti a práva při zániku manželství

§ 764

(1) Zanikne-li manželství smrtí manžela, posoudí se majetkové povinnosti a práva bývalých manželů v rámci řízení o dědictví podle toho majetkového režimu, který existoval mezi manžely, popřípadě i podle pokynů, které zemřelý manžel ještě za svého života ohledně svého majetku pro případ smrti učinil; jinak se použijí pravidla uvedená v § 742, s výjimkou § 742 odst. 1 písm. c), ledaže se pozůstalý manžel dohodne s dědici o vypořádání jinak.

[...]

Bydlení po zániku manželství

§ 766

(1) Zaniklo-li manželství smrtí manžela a manželé měli společné nájemní právo k domu nebo bytu, v němž se nacházela jejich rodinná domácnost, zůstane nájemcem bytu pozůstalý manžel. Svědčilo-li manželům k domu nebo bytu společně jiné závazkové právo, zůstane oprávněným pozůstalý manžel.

[...]

§ 768

(1) Zaniklo-li manželství rozvodem, a manželé měli k domu nebo bytu, v němž se nacházela jejich rodinná domácnost, stejné, nebo společné právo, a nedohodnou-li se, kdo bude v domě nebo bytě dále bydlet, zruší soud na návrh jednoho z nich podle okolností případu dosavadní právo toho z rozvedených manželů, na kterém lze spravedlivě žádat, aby dům nebo byt opustil, a popřípadě zároveň rozhodne o způsobu náhrady za ztrátu práva; přitom přihlédne zejména k tomu, kterému z rozvedených manželů byla svěřena péče o nezletilé dítě, které nenabylo plné svéprávnosti a o které manželé pečovali, jakož i ke stanovisku pronajímatele, půjčitele nebo jiné osoby v obdobném postavení.

(2) Rozvedený manžel, který má dům nebo byt opustit, má právo tam bydlet, dokud mu druhý manžel nezajistí náhradní bydlení, ledaže mu v řízení podle odstavce 1 náhrada nebyla přiznána; v tomto případě má právo v domě nebo bytě bydlet nejdéle jeden rok. Byla-li mu však svěřena péče o nezletilé dítě, které nenabylo plné svéprávnosti a o které manželé pečovali za trvání manželství, nebo o dítě nezaopatřené, které s ním žije, může soud na návrh tohoto manžela založit v jeho prospěch právo bydlení; ustanovení § 767 odst. 2 platí obdobně.

Divorce and decisions about common property can be achieved through a common agreement on all matters approved by the court; otherwise the court decides about divorce, alimony, property and cohabitations, with regard to the particular property regime of the spouses and the interest of minor children. A series of conditions apply, such as the following. A marriage can be divorced if the cohabitation of the spouses is deeply, permanently and irreparably disrupted; nevertheless, the marriage cannot be divorced if the divorce is in conflict with the interest of a minor child. The court will not end the marriage until it decides on the circumstances of the child after the divorce.

If a spouse joins a divorce petition filed by the other spouse, and if the spouses are separated for more than six months and have come to an agreement on common property the court will end the marriage without ascertaining the cause of the divorce under certain additional conditions. Separation is defined by the will of one of the souses: Spouses are regarded as separated if they ceased to form a family without regarding their actual sharing of a household.

If a divorced spouse is unable to support himself/herself in connection with the marriage, the former spouse is liable to continue supporting the other spouse to an extent defined by the court, unless the couple come to an agreement. The court may impose a maintenance obligation on one party in favour of a spouse harmed by the divorce for a certain amount of time. In case of a violent behaviour, a spouse loses the right to receive alimony support.

If the marriage ceases upon the death of the spouse, the property obligations and rights of former spouses in the context of inheritance proceedings will be assessed according to the property regime that existed between the spouses. After divorce, the court can decide to pass residence right in a house or flat to one of the spouses and define a level of compensation or a transitional period.

16.4 Czech Family Law and Islam

The provisions of Islamic family law may be in conflict with Czech law in several areas, especially in the requirements for the religious affiliation of spouses, specific roles of men and women in marriage and parenthood, the possibility of polygamy and the unequal position of women in divorce; moreover, Islamic law does not recognise civil marriage or civil divorce.

Because the exercising of special rights is not granted to CMC (and in the coming years will not be granted, cf. 2.2.), Muslims believers can either contract their (first) Islamic marriage as a civil marriage, or choose not to officially regulate their family situation and to try to solve necessary matters (representing of spouses, access to information on state of health, property questions, etc.) with other civil instruments, which is not always straightforward.

Absence of official marriage, free cohabitation, trial marriage[1] and child-bearing outside marriage (the share of such births was 7.9% in 1989, it had grown to 49.0% in 2017 and "only" 48.5% in 2018[2]) are common in the Czech Republic. In each case is necessary to respect the minimum age for sexual activity (not only sexual intercourse) which is fifteen years old for both sexes, since sexual activity with a minor younger than 15 years is a crime according to Act no. 40/2009 Coll., Penal Code.

Zákon č. 40/2009 Sb.
Trestní zákoník
§ 187
Pohlavní zneužití
(1) Kdo vykoná soulož s dítětem mladším patnácti let nebo kdo je jiným způsobem pohlavně zneužije, bude potrestán odnětím svobody na jeden rok až osm let.
(2) Odnětím svobody na dvě léta až deset let bude pachatel potrestán, spáchá-li čin uvedený v odstavci 1 na dítěti mladším patnácti let svěřeném jeho dozoru, zneužívaje jeho závislosti nebo svého postavení a z něho vyplývající důvěryhodnosti nebo vlivu.
(3) Odnětím svobody na pět až dvanáct let bude pachatel potrestán, způsobí-li činem uvedeným v odstavci 1 těžkou újmu na zdraví.
(4) Odnětím svobody na deset až osmnáct let bude pachatel potrestán, způsobí-li činem uvedeným v odstavci 1 smrt.
(5) Příprava je trestná.

Sexual acts or other sexual activity with a child younger than 15 years old is defined as sexual abuse according to § 187 and punishable by 2 to 18 years of imprisonment, according to the gravity of the act. Preparatory actions regarding this crime are also punishable.

For the area of marriage and family, *Islámská komise pro rodinu* (Islamic Commission for the Family) was established under the Muslim community in Prague with a nationwide sphere of action in 2012. Its mission comprises: contracting marriages; premarital and marriage counselling; solving marital

1 Kohoutová, Iva, "Nesezdaná soužití: hlavně ve velkých městech" ["Non-Married Cohabitation: Mainly in Large Cities"], *Statistika & my, Měsíčník Českého statistického úřadu* [*Statistics & Us, Monthly Publication of the Czech Statistical Office*], 07/08—2013, 34–35.

2 Český statistický úřad, *Pohyb obyvatelstva—rok 2018* [Czech Statistical Office, *Population and vital statistics—year 2018*], see https://www.czso.cz/csu/czso/cri/pohyb-obyvatelstva-rok-2018, accessed 26 February 2020.

disputes; authentication, distribution and issuing Islamic legal opinions relating thereto; discretion in relation to applications submitted for the termination of marriage by women[3]—all according the Sharia law. There is a real risk of creating situations in conflict with Czech law, especially in cases of foreign certificates and legal decisions valid in some predominantly Islamic countries, but of limited validity by the Czech law; they may be regarded as having force only within the singular CRC by which they were released.[4] The existence and activities of the aforementioned commission have been the subject of a sharp reaction by both anti-Islamic activists and some lawyers in the Czech Republic: the main objection was the de facto creation of a parallel social and legal reality that would contradict the official legal order of the Czech Republic. The Commission has therefore officially ceased its activities.

16.5 Children

The basic rules for relations between parents and children are defined by Civil Code no. 89/2012 Coll.

Zákon č. 89/2012 Sb.
Občanský zákoník
Oddíl 3
Rodiče a dítě
Pododdíl 1
Obecná ustanovení
§ 855
(1) Rodiče a dítě mají vůči sobě navzájem povinnosti a práva. Těchto vzájemných povinností a práv se nemohou vzdát; učiní-li tak, nepřihlíží se k tomu.

3 Islámská komise pro rodinu, *Náplň práce IKR* [Islamic Commission for the Family, *Description of the Job of ICF*], see http://islamskakomise.cz/; *Co je Islámská komise pro rodinu?* [*What is the Islamic Commission for the Family*], see http://islamskakomise.cz/co-je-islamska-komise-pro-rodinu/, both accessed 28 July 2016. As of February 2020, both webpages do not exist more.

4 This validity of—according to Czech law—internal documents of CMC, or of the Commission for Family, can create difficulties, and even dangerous situations, in some Muslim countries for non-Muslim women who divorced their Muslim husband only according to Czech law and not according to Sharia law: they could be (and often will be) regarded as married to a Muslim husband in predominantly Islamic countries.

(2) Účelem povinností a práv k dítěti je zajištění morálního a hmotného prospěchu dítěte.

§ 856

Povinnosti a práva rodičů spojená s osobností dítěte a povinnosti a práva osobní povahy vznikají narozením dítěte a zanikají nabytím jeho zletilosti.

§ 857

(1) Dítě je povinno dbát svých rodičů.

(2) Dokud se dítě nestane svéprávným, mají rodiče právo usměrňovat své dítě výchovnými opatřeními, jak to odpovídá jeho rozvíjejícím se schopnostem, včetně omezení sledujících ochranu morálky, zdraví a práv dítěte, jakož i práv jiných osob a veřejného pořádku. Dítě je povinno se těmto opatřením podřídit.

§ 858

Rodičovská odpovědnost zahrnuje povinnosti a práva rodičů, která spočívají v péči o dítě, zahrnující zejména péči o jeho zdraví, jeho tělesný, citový, rozumový a mravní vývoj, v ochraně dítěte, v udržování osobního styku s dítětem, v zajišťování jeho výchovy a vzdělání, v určení místa jeho bydliště, v jeho zastupování a spravování jeho jmění; vzniká narozením dítěte a zaniká, jakmile dítě nabude plné svéprávnosti. Trvání a rozsah rodičovské odpovědnosti může změnit jen soud.

§ 859

Vyživovací povinnost a právo na výživné nejsou součástí rodičovské odpovědnosti; jejich trvání nezávisí na nabytí zletilosti ani svéprávnosti.

Pododdíl 2

Osobní jméno a příjmení dítěte

[...]

Pododdíl 3

Rodičovská odpovědnost

§ 865

(1) Rodičovská odpovědnost náleží stejně oběma rodičům. Má ji každý rodič, ledaže jí byl zbaven.

(2) Rozhodne-li soud o omezení svéprávnosti rodiče, rozhodne zároveň o jeho rodičovské odpovědnosti.

§ 866

Pro rozhodnutí soudu, které se týká rozsahu rodičovské odpovědnosti nebo způsobu či rozsahu, v jakém ji rodiče mají vykonávat, jsou určující zájmy dítěte.

[...]

§869
(1) Brání-li rodiči ve výkonu jeho rodičovské odpovědnosti závažná okolnost a lze-li se domnívat, že je toho v souladu se zájmy dítěte třeba, může soud rozhodnout, že se výkon rodičovské odpovědnosti tohoto rodiče pozastavuje.
(2) Pozastavení výkonu rodičovské odpovědnosti nemá vliv na plnění vyživovací povinnosti k dítěti.
§870
Nevykonává-li rodič svoji rodičovskou odpovědnost řádně a vyžaduje-li to zájem dítěte, soud jeho rodičovskou odpovědnost omezí, nebo omezí její výkon, a zároveň stanoví rozsah tohoto omezení.
§871
(1) Zneužívá-li rodič svoji rodičovskou odpovědnost nebo její výkon, anebo svoji rodičovskou odpovědnost nebo její výkon závažným způsobem zanedbává, soud jej jeho rodičovské odpovědnosti zbaví.
(2) Spáchal-li rodič proti svému dítěti úmyslný trestný čin, nebo použil-li rodič své dítě, které není trestně odpovědné, ke spáchání trestného činu, nebo spáchal-li rodič trestný čin jako spolupachatel, návodce, pomocník či organizátor trestného činu spáchaného jeho dítětem, soud zvlášť posoudí, nejsou-li tu důvody pro zbavení rodiče jeho rodičovské odpovědnosti.
[…]

Zvláštní ustanovení o výkonu rodičovské odpovědnosti
§875
(1) Rodičovskou odpovědnost vykonávají rodiče v souladu se zájmy dítěte.
(2) Před rozhodnutím, které se dotýká zájmu dítěte, sdělí rodiče dítěti vše potřebné, aby si mohlo vytvořit vlastní názor o dané záležitosti a rodičům jej sdělit; to neplatí, není-li dítě schopno sdělení náležitě přijmout nebo není schopno vytvořit si vlastní názor nebo není schopno tento názor rodičům sdělit. Názoru dítěte rodiče věnují patřičnou pozornost a berou názor dítěte při rozhodování v úvahu.
§876
(1) Rodičovskou odpovědnost vykonávají rodiče ve vzájemné shodě.
(2) Hrozí-li při rozhodování o záležitosti dítěte nebezpečí z prodlení, může jeden z rodičů rozhodnout nebo dát přivolení sám; je ale povinen neprodleně sdělit druhému rodiči, jaký je stav věcí.
(3) Jedná-li jeden z rodičů v záležitosti dítěte sám vůči třetí osobě, která je v dobré víře, má se za to, že jedná se souhlasem druhého rodiče.

§ 877
(1) Nedohodnou-li se rodiče v záležitosti, která je pro dítě významná zejména se zřetelem k jeho zájmu, rozhodne soud na návrh rodiče; to platí i tehdy, vyloučil-li jeden rodič z rozhodování o významné záležitosti dítěte druhého rodiče.
(2) Za významnou záležitost se považují zejména nikoli běžné léčebné a obdobné zákroky, určení místa bydliště a volba vzdělání nebo pracovního uplatnění dítěte.
[...]

Péče o dítě a jeho ochrana
§ 880
(1) Rodičovskou odpovědnost týkající se osoby dítěte vykonávají rodiče způsobem a v míře odpovídající stupni vývoje dítěte.
(2) Rozhodují-li rodiče o vzdělání nebo o pracovním uplatnění dítěte, vezmou v úvahu jeho názor, schopnosti a nadání.
[...]
§ 884
(1) Rodiče mají rozhodující úlohu ve výchově dítěte. Rodiče mají být všestranně příkladem svým dětem, zejména pokud se jedná o způsob života a chování v rodině.
(2) Výchovné prostředky lze použít pouze v podobě a míře, která je přiměřená okolnostem, neohrožuje zdraví dítěte ani jeho rozvoj a nedotýká se lidské důstojnosti dítěte.

The Civil Code prescribes following principles: equal parental responsibility of both parents (only a court may decide otherwise), taking into account the interests of the child; the duty to exercise parental responsibility in accordance with the interests of the child; the duty to exercise parental responsibility on the basis of an accord between parents; the duty of minor children to obey the educational measures of their parents; the obligation to take care of the property of the child; special modifications of parental responsibility in the case of divorce and the ceasing of cohabitation of parents; the strong judicial protection of children's rights.

It is upon parental responsibility to take care of children, including their health and physical, emotional, intellectual and moral development, place of residence, and the administration of their assets. The parents have the right to define upbringing measures as appropriate to the children's evolving abilities, including restrictions on the protection of the morality, health and rights of the child as well as the rights of others and public order. The child is obliged to comply with these measures.

Parental responsibility shall be exercised by parents in accordance with the interests of the child. The law reserves a certain degree of autonomy for the child. The parents have to communicate to the child everything necessary to enable the child to form his or her own opinion if he or she has this capacity, and to take the child's opinion into account when making decisions. Parental responsibility is exercised by parents in concert, e.g. concerning non-routine medical and similar interventions and determination of place of residence. In case of a conflict a court may decide. If a parent abuses his or her parental responsibility or its exercise, or seriously neglects it, the court relieves him or her of his or her parental responsibility.

Zákon č. 89/2012 Sb.
Občanský zákoník
Pododdíl 4
Vyživovací povinnost
§ 910
(1) Předci a potomci mají vzájemnou vyživovací povinnost.
(2) Vyživovací povinnost rodičů vůči dítěti předchází vyživovací povinnosti prarodičů a dalších předků vůči dítěti.
(3) Vzdálenější příbuzní mají vyživovací povinnost, jen nemohou-li ji plnit bližší příbuzní.
(4) Nejedná-li se o poměr rodičů a dítěte, předchází vyživovací povinnost potomků vyživovací povinnosti předků.

The Civil Code also regulates the obligation of maintenance: the obligation of parents (or other persons) to children and that of offspring to forebear. The obligation of maintenance is not closely associated with the exercise of parental responsibility, remaining usually in the case of the limitation or deprivation of parental responsibility; it is not equal, but relative regarding the property of single persons and the eventual accumulation of more maintenance obligations.

Zákon č. 89/2012 Sb.
Občanský zákoník
Vztahy mezi dítětem a jinými příbuznými a dalšími osobami
§ 927
Právo stýkat se s dítětem mají osoby příbuzné s dítětem, ať blízce či vzdáleně, jakož i osoby dítěti společensky blízké, pokud k nim dítě má citový vztah, který není jen přechodný, a pokud je zřejmé, že by nedostatek styku s těmito osobami pro dítě znamenal újmu. Také dítě má právo se stýkat s těmito osobami, pokud tyto osoby se stykem souhlasí.

There is also guaranteed the right to the mutual contact of the child with other relatives.

Male circumcision, which is a strong tradition in Islam, is not specifically regulated in Czech law, thus it is tolerated. According to § 28 of Act no. 372/2011 Coll., on health services, it must be performed after the informed consent of the patient or of his legal representative, usually the parents, and in accordance with the available knowledge of medical science, i.e. lege artis; therefore it is usually carried out by a doctor. Although opinions vary among physicians, usually it is not considered medically undesirable (if there are not contraindications) and its execution by a doctor outside of therapeutic reasons is not considered a breach of medical ethics.[5] If it is not done for health reasons, its execution is not covered by health insurance according to § 15 section 14 of Act no. 48/1997 Coll., on public health insurance, and it has to be paid by the applicant. Female genital mutilation is totally unacceptable in the Czech legal order.

If male circumcision leads to mutilation, it would be classified as a crime by the Penal Code.

Zákon č. 40/2009 Sb.
Trestní zákoník
§ 145
Těžké ublížení na zdraví
(1) Kdo jinému úmyslně způsobí těžkou újmu na zdraví, bude potrestán odnětím svobody na tři léta až deset let.
(2) Odnětím svobody na pět až dvanáct let bude pachatel potrestán, spáchá-li čin uvedený v odstavci 1
a) na dvou nebo více osobách,
b) na těhotné ženě,
c) na dítěti mladším patnácti let,
[...]
f) na jiném pro jeho skutečnou nebo domnělou rasu, příslušnost k etnické skupině, národnost, politické přesvědčení, vyznání nebo proto, že je skutečně nebo domněle bez vyznání,
g) opětovně nebo poté, co spáchal jiný zvlášť závažný zločin spojený s úmyslným způsobením těžké újmy na zdraví nebo smrti nebo jeho pokus, nebo

5 Pešl, Miroslav et al., "Etické aspekty mužské rituální obřízky" ["Ethical Aspects of Male Ritual Circumcision"], *Urologie pro praxi* [*Urology in Practice*], 6/2005, 253–254; Hájek & Bahbouh, *Muslimský pacient* [*The Muslim Patient*], pp. 51–54.

h) ze zavrženíhodné pohnutky.
(3) Odnětím svobody na osm až šestnáct let bude pachatel potrestán, způsobí-li činem uvedeným v odstavci 1 smrt.
(4) Příprava je trestná.
§ 146
Ublížení na zdraví
(1) Kdo jinému úmyslně ublíží na zdraví, bude potrestán odnětím svobody na šest měsíců až tři léta.
(2) Odnětím svobody na jeden rok až pět let bude pachatel potrestán, spáchá-li čin uvedený v odstavci 1
a) na těhotné ženě,
b) na dítěti mladším patnácti let,
[…]

§ 147
Těžké ublížení na zdraví z nedbalosti
(1) Kdo jinému z nedbalosti způsobí těžkou újmu na zdraví, bude potrestán odnětím svobody až na dvě léta nebo zákazem činnosti.
[…]
§ 148
Ublížení na zdraví z nedbalosti
(1) Kdo jinému z nedbalosti ublíží na zdraví tím, že poruší důležitou povinnost vyplývající z jeho zaměstnání, povolání, postavení nebo funkce nebo uloženou mu podle zákona, bude potrestán odnětím svobody až na jeden rok nebo zákazem činnosti.
[…]
§ 149
Mučení a jiné nelidské a kruté zacházení
(1) Kdo mučením nebo jiným nelidským a krutým zacházením v souvislosti s výkonem pravomoci orgánu státní správy, územní samosprávy, soudu nebo jiného orgánu veřejné moci působí jinému tělesné nebo duševní utrpení, bude potrestán odnětím svobody na šest měsíců až pět let.
[…]

If male circumcision leads to mutilation, it would be classified as a crime of bodily harm or grievous bodily harm, or, respectively, bodily harm or grievous bodily harm through negligence in accordance with §§ 145, 146, 148 and 149 of Act no. 40/2009 Coll., the Penal Code. If a child is forced to circumcision by duress, it would be a crime of extortion under § 175 of the same act.

The realisation of the religious education of children is the primary responsibility of parents in the situation of the absence of Islamic religious education in schools. Therefore, it is usually implemented in the framework of family education, the supportive role that activities of Muslim communities can play, respectively Islamic foundations, and other supporting organisations, especially for women.

Bibliography

Books and Articles

Hesová, Zora, "The Mainstreaming of Islamophobia in the Czech Republic", 4liberty.Eu Review, Warsaw 04/2016

Hájek, Marcel & Charif Bahbouh, *Muslimský pacient* (Praha: Grada, 2016), 199 pp.

Horák, Záboj, *Církve a české školství* (Praha: Grada, 2011), 264 pp.

Janků, Tomáš, "Analýza přiznání (zvláštních) práv Muslimské náboženské obci v ČR", in Masarykova univerzita, Právnická fakulta, *Církev a stát 2013, Sborník z konference* (Brno: Masarykova univerzita, 2013), pp. 83–110.

Janků, Tomáš. "Ší'itské kulturní centrum v Brně: Nová podoba boje o mešity v ČR?", *Sacra*, 16 (1), 40–55

Kohoutová, Iva, "Nesezdaná soužití: hlavně ve velkých městech", *Statistika & my, Měsíčník Českého statistického úřadu*, 07/08—2013, 34–35.

Kropáček, Luboš, "Muslims in Czechia. A Small, Widely Heterogeneous Minority", in *Europe and Islam* (Olomouc: Refugium, 2015), pp. 171–191.

Macháček, Štěpán, "Czech Republic", in *Yearbook on Muslims in Europe, Volume 7* (Leiden—Boston: 2015), pp. 174–181.

Mendel, Miloš, Bronislav Ostřanský & Tomáš Rataj, *Islám v srdci Evropy* (Praha: Academia, 2007), 499 pp.

Němec, Damián, "Das tschechische Gesetz über Eigentumsvergleich mit Kirchen und Religionsgemeinschaften vom Jahre 2012", *Archiv für katholisches Kirchenrecht. Mit besonderer Berücksichtigung der Länder deutscher Sprache*, 182. Band, Jahresgang 2013, 161–200.

Němec, Damián, "Repubblica Ceca: Giurisprudenza della Corte Costituzionale sulla tutela dell'autonomia dell'amministrazione delle Chiese", in Józef Wroceński & Marek Stokłosa (eds.). *La funzione amministrativa nell'ordinamento canonico. Administrative Function in Canon Law. Administracja w prawie kanonicznym* (Warszawa: Uniwersytet Kardynała Stefana Wyszyńskiego, 2012), pp. 597–607.

Němec, Damián, "Staatlich angeordnete Feiertagsruhe in der Tschechischen Republik? Legislativer Antrag vom Senat des Parlamentes der Tschechischen Republik im Lichte der Soziallehre der katholischen Kirche", *Acta Universitatis Palackianae Olomucensis, Theologica Olomucensia*, vol. 15, 2016, 57–80.

Ostřanský, Bronislav (ed.) (2017), Islamofobie po česku, Academia, Praha 2018;

Pešl, Miroslav, Libor Zámečník, Viktor Soukup, Ivan Pavlík & Jan Dvořáček, "Etické aspekty mužské rituální obřízky", *Urologie pro praxi* [*Urology in Practice*], 6/2005, 253–254.

Topinka, Daniel, *Výzkumná zpráva Integrační proces muslimů v České republice—pilotní projekt* (Ostrava: Veryvision, 2006/2007), 101 pp., available at www.mvcr.cz/soubor/integracni-proces-muslimu-v-cr-pilotni-projekt.aspx, accessed 30 January 2020.

Topinka Daniel (ed.), Muslimové v Česku: Etablování muslimů a islámu na veřejnosti, Brno: Barrister and Principal 2016

Vojtíšek, Zdeněk, "Český boj o mešity", *Dingir*, 1/2006, 19–21.

Index

Printed in the United States
by Baker & Taylor Publisher Services